[これで話せる]
英会話の基本文型 87

87 basic sentence patterns
for everyday English conversation.

CD BOOK

ベレ出版

はじめに

まず、はじめに、この本を手にしていただいて、ありがとうございます。

この本は、「日常生活で使われる数多くの英語表現を、いかに効率よく身につけるか？」ということを考えて作りました。

ところで、日常会話に「文法」は必要でしょうか？ 英語で話そうとするとき、必ずしも常に「正しい文法」にこだわる必要はないと思います。けれども、日常生活に必要な表現を自分のものとしていく学習の過程では、文法は頼れる「みちしるべ」になる、と私は考えています。ただやみくもに表現の羅列を覚えていくよりも、ある程度、英文の法則＝「英文法」を意識しながら覚えていくことは、結果としては効率の良い、さらに後々、応用がききやすい方法だと思います。

日常生活でよく使われる数多くの表現も、分解してみるとその基本となる部分の構造は単純で、種類も意外と少ないものです。

この本では、日常会話でよく使う表現の「変化しない骨組みの部分」の類型を「文型」と呼び、87パターンの文型をあげて、その文型ごとに日常会話表現を整理しました。あげられている例文は、なるべく使う場面がかたよらないように集めることを意識しました。また、それぞれの文型には基

礎的な解説をくわえ、必要に応じて応用知識や個々の表現の注意点などを示し、それぞれの文型ならびにそれを使った表現の構造を理解しやすいように工夫しています。

　日常生活に必要な表現の一つ一つをダイレクトに覚えるのではなく、まず、その「構造から考えていく」というのは、一見遠回りな方法に思えるかもしれません。けれども、一度覚えてしまえば、その後、実践の会話で応用できる範囲はグンと広がることと思います。

　この本がみなさんの英語表現の幅を広げる一助となれることを願って。

　最後になりましたが、この本を完成させるにあたり、私を支えてくださった全ての方に心よりお礼申し上げます。ベレ出版の皆様、特に、著者のいたらぬ点をサポートしてくださっている編集担当の新谷友佳子さんにはたいへんお世話になりました。本当にどうもありがとうございました。

2002年2月

上野　理絵

CONTENTS

CD Book これで話せる英会話の基本文型 87

はじめに

本書の使い方

Part 1 「人」が中心の表現

- パターン 1　**I'm ~.**「私は~です。」……16
- パターン 2　**I'm ~ ing.**「私は~しています。」……18
- パターン 3　**I was ~ ing.**「私は~していました。」

  I will be ~ ing.「私は~しているでしょう。」……21
- パターン 4　**I'm going to ＋動詞の原形.**「私は~するつもりです。」……24
- パターン 5　**I am ＋過去分詞.**「私は~されます。」……26
- パターン 6　**Are you ~?**「あなたは~ですか？」……28
- パターン 7　**Are you ~ ing?**「あなたは~していますか？」……30
- パターン 8　**Aren't you ~?**「あなたは~ではないのですか？」

  Don't you ~?「あなたは~しないのですか？」……32
- パターン 9　**I get ＋名詞／副詞.**「~を得る。」「~に達する。」

  I get ＋形容詞／過去分詞.「~になる」……35

パターン 10	**I have ＋名詞.**「～を持っています。」	38
パターン 11	**I have ＋病気・症状.**「～(病気)にかかっている。」「～(症状)がある。」	41
パターン 12	**Do you have ＋名詞?**「～を持っていますか?」	44
パターン 13	**I have to ＋動詞の原形.**「私は～しなければなりません。」 **I don't have to ＋動詞の原形.**「私は～する必要はありません。」	46
パターン 14	**Do I have to ＋動詞の原形?**「私は～しなければなりませんか?」	48
パターン 15	**I know ～.**「～を知っています。」 **I don't know ～.**「～は知りません。」	50
パターン 16	**Do you know ～?**「～を知っていますか?」 **Don't you know ～?**「～を知らないのですか?」	53
パターン 17	**I think ～.**「～と思います。」 **I don't think ～.**「～とは思いません。」	56
パターン 18	**Do you think ～?**「～と思いますか?」 **Don't you think ～?**「～とは思いませんか?」	59
パターン 19	**I feel ～.**「～を感じる。」	62
パターン 20	**I make/have/let ＋ O ＋動詞の原形.**「O に～させる。」	65
パターン 21	**I need ＋名詞.**「～が必要です。」 **I need to ＋動詞の原形.**「～する必要があります。」	68

パターン 22	**I'm sure ~.**「きっと~だと思います。」	
	I'm not sure ~.「~はよく分かりません。」	70
パターン 23	**I'm afraid ~.**「残念ながら~です。」	72
パターン 24	**I am sorry ~.**「~をすまなく思います。」	75
パターン 25	**I'm glad ~.**「~をうれしく思います。」	78
パターン 26	**Thank you for ~.**「~(を)ありがとう。」	81

Part 2 「もの」が中心の表現

パターン 27	**This is ~.**「これは~です。」	86
パターン 28	**Is this ~?**「これは~ですか?」	88
パターン 29	**That is ~.**「あれは~です。」	90
パターン 30	**Is that ~?**「あれは~ですか?」	92
パターン 31	**That ＋動詞.**「それは~だ。」	94
パターン 32	**It is ~.**「(それは)~です。」	97
パターン 33	**It is ＋天候.**「(天候は)~だ。」	100
パターン 34	**It is ＋日時.**「(日時は)~です。」	102
パターン 35	**It ＋動詞.**「(それは)~する。」	106
パターン 36	**It takes ＋時間・労力.**「~かかります。」	109

パターン 37	It(形式主語)is ～＋…(真主語). 「…は～です。」 ……………112
パターン 38	There is ～. There are ～. 「～があります。」
	Here is ～. Here are ～. 「ここに～があります。」 …………115
パターン 39	Is there ～? Are there ～? 「～はありますか?」…………118
パターン 40	Here ＋代名詞＋動詞［動詞＋名詞］「ほら、～です。」
	There ＋代名詞＋動詞［動詞＋名詞］「ほら、～です。」 ……121

Part 3　助動詞を使った表現

パターン 41	I will ＋動詞の原形. 「～します。」 ……………………………124
パターン 42	Will you ＋動詞の原形? 「～しますか?」……………………127
パターン 43	Won't you ＋動詞の原形? 「～しませんか?」………………130
パターン 44	Would you ＋動詞の原形? 「～してくださいませんか?」……133
パターン 45	Could you ＋動詞の原形? 「～していただけますか?」 ……136
パターン 46	Would you mind ～ ing? 「～していただけませんか?」 …138
パターン 47	Can I ＋動詞の原形? 「～してもいいですか?」……………………141
パターン 48	May I ＋動詞の原形? 「～してもいいですか?」……………………144
パターン 49	Do you mind if I ～? 「～してもかまいませんか?」…………147
パターン 50	Shall I ＋動詞の原形? 「～しましょうか?」……………………150

パターン 51	**Shall we ＋動詞の原形?**「〜しましょうか?」	152
パターン 52	**I would like ＋名詞.**「〜が欲しいのですが。」	154
パターン 53	**Would you like ＋名詞?**「〜をいかがですか?」	156
パターン 54	**I would like to ＋動詞の原形.**「〜したいのですが。」	158
パターン 55	**Would you like to ＋動詞の原形?**「〜したいですか?」	160
パターン 56	**I used to ＋動詞の原形.**「以前は〜したものです。」	163

Part 4　命令表現

パターン 57	動詞の原形〜.「〜しなさい。」	168
パターン 58	**Have 〜.**「〜を持ちなさい。」	171
パターン 59	**Be 〜.**「〜なさい。」	174
パターン 60	**Don't ＋動詞の原形.**「〜するな。」 **Never ＋動詞の原形.**「決して〜するな。」	177
パターン 61	動詞の原形, please. Please ＋動詞の原形.「〜してください。」	180
パターン 62	名詞, please.「〜をください。」	182
パターン 63	**Let me ＋動詞の原形.**「〜させてください。」	185
パターン 64	**Let's ＋動詞の原形.**「〜しましょう。」	188

Part 5 疑問詞を使った表現

パターン 65 **What ~?**「何が~ですか?」 ……………192

パターン 66 **What is ~?**「~は何ですか?」 ……………195

パターン 67 **What＋名詞＋…?**「…はどんな~ですか?」……………198

パターン 68 **What time ~?**「何時に~ですか?」 ……………201

パターン 69 **Which ~?**「どれが~ですか?」 ……………204

パターン 70 **Which＋名詞＋…?**「どの~が…ですか?」……………206

パターン 71 **Which ~, A or B?**「AとBのどちらが~ですか?」……………209

パターン 72 **Who ~?**「誰が~ですか?」

Who is ~?「~は誰ですか?」 ……………211

パターン 73 **Whose ~?**「誰の~ですか?」

Whom ~?「誰に~ですか?」……………214

パターン 74 **When ~?**「いつ~ですか?」

When is ~?「~はいつですか?」……………216

パターン 75 **Where ~?**「どこで~ですか?」

Where is ~?「~はどこですか?」……………218

パターン 76 **Why ~?**「なぜ~ですか?」……………220

パターン 77	**Why don't you ＋動詞の原形?**「〜してはどうですか?」……222
パターン 78	**Why not ＋動詞の原形?**「〜してはどうですか?」……224
パターン 79	**How do you ＋動詞の原形?**「どのように〜しますか?」……226
パターン 80	**How do you like ＋名詞?**「〜をどう思いますか?」……228
パターン 81	**How do I ＋動詞の原形?**「どのように〜すればよいのですか?」……230
パターン 82	**How is 〜?**「〜はどうですか?」……233
パターン 83	**How ＋形容詞／副詞＋…?**「…はどのくらい〜ですか?」……236
パターン 84	**How many 〜?**「〜はいくつですか?」 **How much 〜?**「〜はどのくらいですか?」……238
パターン 85	**How about ＋名詞?**「〜はいかがですか?」 **How about 〜ing?**「〜してはどうですか?」……240
パターン 86	**How＋形容詞／副詞＋S＋V!**「Sはなんて〜なのだろう!」……243
パターン 87	**What＋形容詞＋名詞＋S＋V!**「(Sは)なんて〜な…だろう!」…245

本書の使い方

● 文型の構造 ●
この項で扱う「文型」の『構造』です。その「文型」の変化しない部分だけを残した、骨組みの部分、いわば「骨格」です。
"〜"など記号の部分を入れ換えて使います。

● 基本例文 ●
この項で扱う「文型」で、まずはじめに覚えたい『基本例文』です。上の ● 文型の構造 ● と見比べて、この「文型」の骨格を実感してみて下さい。
・英文、日本文ともにCDに収録されています。

● 例文 ●
この項で扱う「文型」を使った『例文』を、"日常的によく使われるもの"という観点で10フレーズずつ集めています。
「文型の構造」を理解しやすいように「骨格」部分の文字は強調し、必要に応じて注意が必要な部分にアンダーラインをひいています。
1つの「文型」でも、様々なバリエーションの日常表現ができます。必要な単語を入れ換えて、どんどん活用してください。
・英文、日本文ともにCDに収録されています。

CDに収録されている『トラックナンバー』です。 ◎ TRACK 10

Pattern 10

I have + 名詞
「(私は)〜を持っています。」「(私には)〜があります。」

基本例文　**I have** a question.
「質問があります。」

① **I have** a good dictionary.
　私はよい辞書を持っています。

② **I have** an older brother and two younger sisters.
　私には兄が1人、妹が2人います。

③ **I have** an idea.
　私に（よい）考えがあります。

④ **I have** no idea.
　私には分かりません。／私は知りません。

⑤ **I have** no time.
　私には時間がありません。

⑥ **I have** a secret.
　私には秘密があります。

⑦ **I have** a problem.
　困っています。／問題があります。

⑧ **I have** a hangover this morning.
　今朝は二日酔いだ。

⑨ **I have** an appointment with Mr. White.
　ホワイトさんと（お会いする）約束があります。

⑩ **I have** a great interest in art.
　私は芸術にとても関心があります。

● **この本で使っている記号** ●

(　) ── 中の語句が省略可能。

[　] ── 中の語句がその前の語句と入れ換え可能。

　／ ──「または」の意味。

《 米 》── アメリカでの用法。

《 英 》── イギリスでの用法。

(→ 　) ── 数字の表す"Pattern"のページを参照。

Pattern 10

ポイント●

○ "I have ～." は「私は～を持っている。」の意味の基本的な表現です。

○ "I have ～." は、品物など物質的な "物" を「(手に)持っている」「所有している」という以外に、下のような場合にも使われます。

- 目に見えない「～(知識や考えなど)がある」
 I **have** an idea for it.「それについて考えがあります。」
- 続柄として「～(親類・友人など)がいる」
 I **have** a brother.「兄弟が1人います。」
- 体の不調を表して「～(病気など)にかかっている」「～(症状など)がある」(→パターン 11)
 I **have** a headache.「頭痛がある。」→「頭が痛い。」

●ポイント●
この項で扱う「文型」に関する『**ポイント**』―基本的な解説です。その「文型」についての基礎知識や注意点などが書かれています。

発　展●

○ "I have got ～."
会話では、「持っている」「所有している」の意味では、"have" のかわりに "have got" が使われることがあります。口語ではよく "I've got ～." のように省略されます。

I've **got** a lot of books.
「私は本をたくさん持っています。」

※同じ "have" でも、「～する」の意味では、この形は使わない。たとえば、"have a bath"「入浴する」のかわりに "have got a bath" とは言わない。

●発展●
この項で扱う「文型」に関する『**発展**』―「応用知識」です。上の●ポイント●より、一歩踏み込んだ内容になっています。

語句と表現●

☞【例文 ②】英語では日本語と異なり、「きょうだい」は常に男女を区別して、男の「兄弟」を "brother"、女の「姉妹」を

●語句と表現●
この項の最初のページの『基本例文』と『例文』に関する『語句』と『表現』について、必要に応じて解説しています。【 】の中の数字が、最初のページの例文の番号と対応していますので、該当箇所を見て下さい。

Part 1
「人」が中心の表現

Pattern 1

I'm ～.
「私は～です。」

基本例文 **I'm** Taro Yamada.
「私は山田太郎です。」

① **I'm** thirty years old.
私は 30 歳です。

② **I'm** a student [an office worker].
私は学生［会社員］です。

③ **I'm** single [married].
私は独身です［結婚しています］。

④ **I'm** from Tokyo.
私は東京出身です。

⑤ **I'm** serious.
私は真剣［本気］です。

⑥ **I'm** ready.
私は準備できています。

⑦ **I'm** lost.
私は道に迷いました。

⑧ **I'm** in trouble.
私は困っています。

⑨ **I'm** a stranger here.
私はこの辺りは不案内です。

⑩ **I'm** home [back].
ただいま（戻りました）。

Pattern 1

ポイント

✪ "**I'm ~.**"は"**I am ~.**"の省略形で、「私は～です。」の意味です。

✪ "**I'm ~.**"の"~"の部分に「形容詞」がくると、「(私は)～の状態にある。」の意味を表します。

語句と表現

☞【基本例文】自己紹介で自分の「名前」を言うときは、"**I'm** +名前."「私は～です。」と"**My name is** +名前."「私の名前は～です。」の2つの言い方があります。"I'm ~."の方がくだけた言い方です。

☞【例文 ④】自分の「出身地」を言うときは、"**I'm from** +地名."「私は～出身です。」の形を使います。

☞【例文 ⑦】"**I'm lost.**"「道に迷いました。」の"lost"は「道に迷った」「途方にくれた」の意味の形容詞で、「迷っている」という「状態」を表す表現です。「道に迷う」「途方にくれる」という「能動」の意味を表すには"get lost"を使います。

☞【例文 ⑨】"**I'm a stranger here.**"「この辺りは不案内です。」は、人に道を聞かれたときなどに、「この辺りはよく知らないので、答えられません。」というときの表現です。

☞【例文 ⑩】英語には、日本語の「ただいま。」「行ってきます。」に厳密に当てはまる決まった言い方はなく、"Hi!" "See you."といった通常のあいさつが使われます。日本語とまったく同じではありませんが、「ただいま。」に相当するのが"**I'm home [back].**" "**Here I am.**"、「お帰りなさい。」が"**Welcome home [back].**"、「行ってきます。」が"**I'm leaving.**" "**I'm off now.**"などです。

Pattern 2

I'm ～ing.

「私は～しています。」「私は～します。」

基本例文 I'm look**ing** for my glasses.
「私はめがねを探しています。」

① **I'm** just look**ing**.
見ているだけです。

② **I'm** follow**ing** (you).
（あなたの言うことを）理解しています。

③ **I'm** not feel**ing** well.
私は気分がよくありません。

④ **I'm** look**ing** forward to seeing you.
あなたにお会いするのを楽しみにしています。

⑤ **I'm** work**ing** at a bank.
私は銀行で働いています。

⑥ **I'm** com**ing**.
今行きます。

⑦ **I'm** gett**ing** off here.
私はここで降ります。

⑧ **I'm** pay**ing** in cash.
現金で支払います。

⑨ **I'm** leav**ing** on next Monday.
私は今度の月曜日に出発します。

⑩ **I'm** retir**ing** next year.
私は来年定年です。

Pattern 2

> ポイント

✪ "**be** 動詞の現在形(am/are/is)＋現在分詞(動詞の -ing 形)" の形を「現在進行形」と言います。現在進行形には次のような用法があります。

①**現在進行中の動作**:「(今現在)〜している」

②**現在の反復的な行為(習性)**:「〜してばかりいる」
※通常 "always" "constantly" "all the time" "usually" などの副詞をともない、話者の感情(非難・軽蔑・賞賛・共感など)が含まれることが多い。

He **is** always mak**ing** the same mistake.

「彼はいつも同じ間違いばかりしている。」

③**近い未来の予定**:「(短時間のうちに)〜する」
※ "往来・発着を表す動詞(go, come など)＋未来を表す副詞(tomorrow, next week など)" の形になることが多い。

I'm go**ing** skiing in Hokkaido this winter.

「私はこの冬、北海道にスキーに行く予定です。」

> 語句と表現

☞【例文 ①】"**I'm just looking.**" は、店で店員に "**May I help you?**"「いらっしゃいませ。(何をさしあげましょうか?)」などと声をかけられたときに、「構わなくて結構です。」という気持ちを伝える表現です。

☞【例文 ②】動詞 "follow" には「(話・議論などに)ついていく」「(人の言うことを)理解する」といった意味があり、"**I'm following (you).**" は、相手に、「(あなたの話を)理解しています。」と伝える表現です。反対に "**I don't quite follow you.**" なら「あなたの言うことがよく分かりません。」となります。

☞【例文 ④】"**look forward to** +名詞／動名詞" は「～を楽しみにする」の意味です。"to" は「前置詞」なので、後には「名詞」または「動名詞(-ing)」が続きます。"**I'm looking forward to hearing from you.**" とすると「あなたからのお便り[連絡]をお待ちしています。」の意味になり、よく手紙の最後につけられる表現です。

☞【例文 ⑥】"**I'm coming.**" は「今、(あなたのところへ)行きます。」の意味です。英語では、相手のいる場所を中心に考えるので、「相手のいる場所に行く」場合は、「行く」でも "go" ではなく "come" を使います。

Pattern 3

I was ～ing.
「私は～していました。」

I will be ～ing.
「私は～しているでしょう。」

 **I was doing my homework then.**
「私はその時、宿題をしていました。」

① **I was** just think**ing**.
ちょっと考えごとをしていました。

② **I was** just go**ing** out when he came.
彼が来た時、私はちょうど出かけるところでした。

③ While **I was** tak**ing** a bath, the telephone rang.
私が風呂に入っている時に、電話がなりました。

④ **I was** always watch**ing** TV when I was a child.
私は子供のころ、いつもテレビばかり見ていました。

⑤ **I was** meet**ing** John at seven.
私は7時にジョンに会う予定でした。

⑥ **I will be** fly**ing** over the Pacific Ocean about this time tomorrow.
私は明日の今頃は太平洋の上空を飛んでいるでしょう。

⑦ **I will be** wait**ing** for you at the station.
駅であなたをお待ちしています。

⑧ **I will be** see**ing** you soon.
近いうちにまたお会いしましょう。

⑨ **I will be** see**ing** him this evening.
私は今晩、彼に会うことになっています。

⑩ **I will be** see**ing** her tomorrow, so I will give her your message.
明日は彼女に会うので、あなたの伝言を伝えましょう。

(ポイント)

✪ "**be 動詞の過去形**(was/were)＋**現在分詞**(動詞の -ing 形)" の形を「**過去進行形**」と言い、主に次のような用法があります。

① **過去のある時点における進行中の動作**：「〜していた」

② **過去の反復的な行為**：「〜してばかりいた」

③ **過去のある時点からみた、近い未来**：「〜する予定だった」

✪ "**will be** ＋**現在分詞**(動詞の -ing 形)" の形を「**未来進行形**」と言い、主に次のような用法があります。

① **未来のある時点における進行中の動作**：「〜しているだろう」

② **確定的な未来の予定や、自然のなりゆきで未来に起こること**：「〜することになるだろう」

(発 展)

✪ 通常は「現在(→パターン2)／過去／未来進行形」にならない動詞

- 「**状態**」を表す動詞： be 動詞, have, belong など
  ※ "have" は「持っている」の意味のときは進行形にならないが、それ以外の意味(「食事をとる」など)では進行形をつくる。

  He **is** hav**ing** lunch now.「彼は今、昼食をとっています。」

- 「**知覚**」「**感覚**」「**心理状態**」などを表す動詞：

  see, hear, smell, taste, feel, think, know, believe, forget, remember, want, wish, hope, love, like, hate, fear など
  ※これらの動詞も、一時的な状態や、意志による動作の反復、感情をこめる場合などには、例外的に進行形になることがある。

  I **am** always think**ing** of you.

  「私はいつも、あなたのことを思っています。」

Pattern 3

語句と表現

☞【例文 ⑧】未来進行形は未来時制よりも親しみやすくだけた感じを表します。"**I will be seeing you (soon).**"「(近いうちに)またお会いしましょう。」は、別れ際のあいさつに使われます。

Pattern 4

I'm going to + 動詞の原形.
「私は〜するつもりです。」「私は〜します。」

基本例文 **I'm going to** buy a new car next month.
「私は来月、新しい車を買うつもりです。」

① **I'm going to** see him tomorrow.
私は明日、彼に会います。

② **I'm going to** visit a friend in the hospital tomorrow.
私は明日、病院に友だちをお見舞いに行くつもりです。

③ **I'm going to** visit the museum next week.
私は来週、博物館へ行くつもりです。

④ **I'm going to** study art in France.
私はフランスで美術を勉強するつもりです。

⑤ **I'm going to** stay here for a week.
私はここに1週間滞在する予定です。

⑥ **I'm going to** be at home this weekend.
私は今週末は家にいるつもりです。

⑦ **I'm going to** spend my vacation in Hawaii this year.
私は今年は休暇をハワイで過ごす予定です。

⑧ **I'm going to** have a party.
私はパーティーを開きます。

⑨ **I'm going to** take a bath.
お風呂に入ってきます。

⑩ **I'm going to** lie down.
横になろう。

Pattern 4

> ポイント

- ✪ "***be* going to** +動詞の原形"は「未来」を表し、主に主語の意志を表す「意志未来」や、ごく近い未来のことを述べる「近接未来」に用いられます。いずれの場合も、近い未来のことを言い、遠い未来のことを言うときはあまり使いません。

  - **意志未来**：「〜するつもりだ」「〜する(だろう)」

    She **is going to** be a nurse.

    「彼女は看護婦になるつもりです。」

  - **近接未来**：「〜しそうだ」「〜しようとしている」「〜するところだ」

    It **is going to** snow tonight.「今夜は雪が降りそうだ。」

- ✪ "***be* going to** 〜"の「否定文」と「疑問文」は次の語順になります。

  - **否定文**：S + be 動詞+ not + going to +動詞の原形.

    I'm **not going to** play tennis tomorrow.

    「私は明日はテニスをしないつもりです。」

  - **疑問文**：Be 動詞+ S + going to +動詞の原形？

    Are you going to study Japanese?

    「あなたは日本語を習うつもりですか？」

> 発　展

- ✪ "*be* going to" や "will"（→パターン41）以外の「未来」を表す形
  - ***be* about to** +動詞の原形：「まさに〜しようとしている」

    He **is about to** start.「彼は出発するところです。」
  - ***be* to** +動詞の原形：「〜する予定である」「〜することになっている」

    He **is to** start tomorrow.

    「彼は明日、出発することになっています。」

Pattern 5

I am + 過去分詞（+ **by**…）．

「私は（…に）〜され（てい）ます。」

「私は〜し（てい）ます。」

基本例文　**I am** invited to her party.
「私は彼女のパーティーに招待されています。」

① **I am** locked out.
私は閉め出されました。

② **I am** pressed for time.
私は時間に追われています。

③ **I was** bitten **by** a dog.
私は犬にかまれました。

④ **I was** robbed of my bag.
私はかばんをひったくられました。

⑤ **I was** born in 1970.
私は 1970 年に生まれました。

⑥ **I was** brought up in Tokyo.
私は東京で育ちました。

⑦ **I am** satisfied with the result.
私はその結果に満足しています。

⑧ **I am** worried about you.
私はあなたのことが心配です。

⑨ **I was** surprised at the news.
私はその知らせに驚きました。

⑩ **I was** deeply moved.
私はとても感動しました。

Pattern 5

> ポイント

- ✪ "**be 動詞＋過去分詞**" の形を「受動態」と言い、「～される」という「受身」の意味を表します。「…に～される」のように「動作の主体」を表すときは "**by**" を使います。

- ✪ 日本語では「能動態」で言うところを、英語では「受動態」の形を使うものが多くあります。そのため、これらの英文を日本語に訳すときは「能動態」のように訳すと自然です。

  - 感情を表す受動態の表現

    be surprised at：～に驚く、*be* worried about：～を心配する、*be* pleased with：～に喜ぶ、～が気に入る、*be* disappointed at [in]：～に失望する、など。

  - 慣用的な受動態の表現

    be born：生まれる、*be* brought up：育つ、*be* married：結婚している、*be* injured [wounded / hurt]：けがをする、*be* interested in：～に興味がある、など。

- ✪ 受動態の文は、能動態の文の「目的語」を「主語」にして作ります。

  He wrote the letter.「彼はその手紙を書いた。」
   S   V   O

  → The letter was written by him. 「その手紙は彼に
      S   V   よって書かれた。」

- ✪ 受動態の「否定文」と「疑問文」は、次の語順になります。

  - **否定文**：S ＋ be 動詞＋ not ＋過去分詞.

    He **is not liked** by his classmates.

    「彼は同級生から好かれていません。」

  - **疑問文**：Be 動詞＋ S ＋過去分詞？

    Was she called by her boss?

    「彼女は上司に呼ばれましたか？」

Pattern 6

Are you ～ ?
「あなたは〜ですか？」

 **Are you** all right?
「大丈夫ですか？」

① **Are you** hungry?
お腹がすきましたか？

② **Are you** happy?
幸せですか？／楽しいですか？／満足ですか？

③ **Are you** ready?
準備はできましたか？

④ **Are you** serious?
本気ですか？

⑤ **Are you** sure (about it)?
本当ですか？／確かですか？／（そのことに）確信がありますか？

⑥ **Are you** busy right now?
今、お忙しいですか？

⑦ **Are you** finished?
（仕事／食事などが）もう終わりですか？／お済みですか？

⑧ **Are you** lost?
道に迷ったのですか？

⑨ **Are you** here on business [vacation]?
ここへは仕事［休暇］でいらっしゃっているのですか？

⑩ **Are you** interested in Japanese history?
あなたは日本の歴史に興味がありますか？

Pattern 6

ポイント

○ "**Are you ~?**" は「あなたは~ですか?」の意味で、相手がどういう状態にあるか、または、相手がどういう人であるかなどをたずねる表現です。"~"の部分には「名詞」や「形容詞」などが入ります。

語句と表現

☞【例文 ②】"happy" には「幸せな」以外に「満足して」の意味もあり、"with" や "about" を使って "***be* happy with [about] ~**" の形で「~に満足している」の意味になります。

　　Are you **happy about [with]** the plan?
　　「あなたはその計画に満足ですか?」

☞【例文 ③】"**Are you ready?**" は外出する前などに、「準備できましたか?」とたずねるのに使われます。"***be* ready to** +動詞の原形" は「~する準備ができた」「~する覚悟ができた」、また "***be* ready for** +名詞/動名詞" は「~(へ)の準備ができた」「~(へ)の覚悟ができた」の意味になります。

　　Are you ready to order now?
　　「ご注文はお決まりですか?」〈レストランで〉
　　Are you ready for shopping?
　　「買い物の用意はできましたか?」

☞【例文 ⑦】"finished" は口語で(人が仕事などを)「終えて」「済ませて」の意味で使われる形容詞で、"**Are you finished?**" は仕事や食事などが終わったかをたずねるときに使われます。

　　I'm finished.「もう(仕事/食事は)終わりました。」

Pattern 7

Are you ～ing ?
「あなたは〜していますか？」「あなたは〜しますか？」

 **Are you** listen**ing** to me?
「私の言うことを聞いていますか？」

① **Are you** do**ing** okay?
調子はどう？

② **Are you** feel**ing** okay?
気分はどうですか？

③ **Are you** feel**ing** sick?
気分が悪いのですか？

④ **Are you** kidd**ing**?
ご冗談でしょう？

⑤ **Are you** gett**ing** along with her?
彼女とは上手くいっているのですか？

⑥ **Are you** study**ing** or play**ing**?
あなたは勉強しているのですか、それとも遊んでいるのですか？

⑦ **Are you** go**ing** my way?
（私と）同じ方向へ行きますか？

⑧ **Are you** leav**ing** so soon?
もう行くのですか？

⑨ **Are you** do**ing** anything this afternoon?
今日の午後は何か予定がありますか？

⑩ **Are you** work**ing** overtime tonight?
今夜は残業するのですか？

Pattern 7

ポイント

⭐ "**Are you 〜ing?**"は「現在進行形」(→パターン2)の疑問文で、「あなたは〜していますか？」の意味を表します。

語句と表現

☞【例文 ①②③】"**Are you doing okay?**"は親しい人との間で「調子はどう？」とたずねる、簡単なあいさつのような表現です。"**Are you feeling okay?**"は主に気分が悪そうにしている人に向かって「気分はどうですか？」とたずねる表現です。また"**Are you feeling sick?**"は「気分が悪いのですか？」で、"sick"は「気分が悪い」「吐き気がする」の意味です。

☞【例文 ④】動詞の"kid"は口語で「からかう」「かつぐ」「冗談を言う」などの意味で使われます。また、動詞"joke"も同じような意味を表します。"**Are you kidding?**"は「ご冗談でしょう？」「まさか！」といった驚きや疑いを表します。他にも同様の表現には"**You're kidding!**" "**No kidding!**" "**Are you joking?**" "**You must be joking!**"などがあります。これらは"**Are you serious?**"「本気ですか？」(→パターン6)と比べると、「からかう」のニュアンスを多く含む表現です。

☞【例文 ⑤】"**get along with 〜**"は「〜と仲良くやっていく」「〜とうまく折り合っていく」の意味です。

☞【例文 ⑦】"**go A's (← my など) way**"の形で「Aと同じ方向へ行く」「Aについて行く」の意味を表します。

Pattern 8

Aren't you ～?   Don't you ～?
「あなたは～ではないのですか？」 「あなたは～しないのですか？」

基本例文 **Don't you** play tennis?
「あなたはテニスをしないのですか？」

① **Aren't you** tired?
あなたは疲れていないのですか？

② **Aren't you** cold in such thin clothes?
そんな薄着で寒くないのですか？

③ **Aren't you** ashamed of yourself?
自分で恥ずかしくないのですか？

④ **Aren't you** forgetting something?
何か忘れてはいませんか？

⑤ **Don't you** smoke?
たばこは吸わないのですか？

⑥ **Don't you** like sweet things?
甘いものは好きではないのですか？

⑦ **Don't you** think so?
そう思いませんか？

⑧ **Don't you** see?
分からないかなぁ？／そうでしょう？

⑨ **Didn't you** go there?
そこへ行かなかったのですか？

⑩ **Haven't you** had your dinner?
夕食を食べていないのですか？

Pattern 8

ポイント

- ✪ "**Aren't you** ~?"「あなたは~ではないのですか？」、"**Don't you** ~?"「あなたは~しないのですか？」のように、否定形でたずねる疑問文を「否定疑問文」と言います。
- ✪「否定疑問文」への答え方

  英語では常に、答えが「肯定」の内容なら"yes"（"yes"以下は肯定文）、「否定」の内容なら"no"（"no"以下は否定文）で答えます。日本語の感覚では逆にしがちなので注意が必要です。

  Aren't you sleepy?「あなたは眠くないのですか？」
  　Yes, I am.「(いいえ)、眠いです。」
  　No, I'm not.「(はい)、眠くありません。」
  Didn't you go out?「あなたは外出しなかったのですか？」
  　Yes, I did.「(いいえ)、外出しました。」
  　No, I didn't.「(はい)、外出しませんでした。」

発　展

- ✪ 助動詞を使った「否定疑問文」は"**助動詞の否定形**(-n't)＋**S**＋動詞の原形?"の形になります。

  Can't you speak English?
  「あなたは英語が話せないのですか？」

語句と表現

☞【例文 ④】"Aren't you ＋ 現在分詞(動詞の -ing 形) ~?"は「現在進行形」の否定疑問文で「あなたは(今)~していませんか？」の意味です。

☞【例文 ⑦】"**Don't you think so?**"は「そう思いませんか？」と、相手に「同意」を求める表現です。

☞【例文 ⑧】動詞"see"には「見る」以外に、「分かる」「理解する」の意味があり、否定形の疑問文"**Don't you see?**"は「分からないの？」「そうでしょう？」、肯定形の疑問文"**Do you see?**"または単に"**See?**"は「分かりましたか？」「ほらね。」と相手に確認する表現になります。また"**I see.**"は「分かりました。」「なるほど。」と返事をするときに使います。

☞【例文 ⑩】"Haven't you＋過去分詞〜？"は「現在完了形」の否定疑問文で「あなたは(まだ)〜していないのですか？」の意味です。

Pattern 9

I get + 名詞／副詞.　　**I get** + 形容詞／過去分詞.
「〜を得る。」「〜に達する。」　　「〜(の状態)になる。」

I got drunk.
「私は酔っぱらいました。」

① **I got** a watch for Christmas.
私はクリスマス（のプレゼント）に時計をもらいました。

② **I get** it.
分かりました。／理解しました。

③ **I will get** it.
私が出ます。〈電話のベルに反応して〉

④ **I will get** the 5:30 train for Tokyo.
私は5時30分の東京行きの電車に乗るつもりです。

⑤ **I got** a cold.
私は風邪をひきました。

⑥ **I got** home at seven yesterday.
私は昨日は7時に家に帰りました。

⑦ **I got** sleepy.
私は眠くなりました。

⑧ **I got** quite well.
私は（体調が）すっかりよくなりました。／私の病気は全快しました。

⑨ **I get** tired easily these days.
私は近頃、疲れやすい。

⑩ **I got** married last month.
私は先月、結婚しました。

ポイント

○ 動詞 "**get**" の最も基本的な意味は「(〜を)得る」ですが、そこから、「(物などを)手に入れる」「(場所などに)達する」など、いろいろな意味で使われ、慣用的な表現も多くある語です。

○ "**get** +**形容詞**/**過去分詞**"の形で「〜(の状態)になる」(状態の変化) を表します。この形では多くの場合、"get" を "be 動詞" に置き換えると「〜(の状態)である」になります。

 He got angry.「彼は怒った。」
 He is angry.「彼は怒っている。」

語句と表現

☞【例文 ②】動詞 "get" には「理解する」の意味もあり、"**I get it.**"は、相手の言っていることが「(やっと)分かった。」「(やっと)理解できた。」というときに使われます。"get"=「理解する」「分かる」の意味では、他に次の表現がよく使われます。

 I **got** you.「あなたの言うことが分かりました。」
 I **get** your point.「あなたの言いたいことは分かりました。」
 I don't **get** you.「あなたの言うことが分かりません。」
 Do you **get** it?「分かりましたか?」
 Do you **get** me?「私の言うことが分かりましたか?」
 Don't **get** me wrong.「私の言うことを誤解しないでください。」

☞【例文 ③】電話のベルが鳴ったとき、周りの人に「(その電話には)自分が出ます。」と言うときは"**I will get it.**"と言います。

☞【例文 ⑩】「結婚する」は "marry"(自動詞)より "get married" を使うのが普通です。「〜と結婚する」は "to" を使

愛読者カード

URL：http://www.beret.co.jp/

お手数ですがこのカードでご意見をお寄せ下さい。貴重な資料として今後の編集の参考にさせていただきます。個々の情報を第三者に提供することはありません。

■本書のタイトル

■お名前	■年齢	■性別

■ご住所 〒　　　　　TEL	■ご職業
■Eメールアドレス	

●本書についてのご感想をお聞かせ下さい。

●こんな本がほしい、というご意見がありましたらお聞かせ下さい。

●DM等を希望されない方は○をお書き下さい。

●個人情報は弊社の読者サービス向上のために活用させていただきます。

料金受取人払郵便

牛込支店承認
9691

差出有効期間
平成24年1月
25日まで
（切手不要）

郵 便 は が き

162-8790

東京都新宿区
岩戸町12 レベッカビル
ベレ出版
　　読者カード係 行

◇注 文 書◇

小社図書のご注文はお近くの書店へ（店頭にない場合でもお取寄せできます）このハガキにてお申し込みの場合：弊社にハガキが到着してから4〜7日ほどで代引きサービスにてお届けします。送料は冊数にかかわらず合計金額1500円以上で200円、1500円未満の場合は500円です。代金は商品到着時に配達業者へお支払ください。

書名	定価	円	冊
書名	定価	円	冊
書名	定価	円	冊

ご住所 〒

お名前　　　　　　　　　☎　　（　　）

い"get married to ～"と言います。また、動詞"marry"は1語（この場合は他動詞）でも「～と結婚する」の意味を表します。

 Mary **got married** to John.
 「メアリーはジョンと結婚した。」
 Will you **marry** me?（他動詞）
 「私と結婚してくれますか？」

Pattern 10

I have + 名詞.

「(私は)〜を持っています。」「(私には)〜があります。」

基本例文   **I have** a question.
「質問があります。」

① **I have** a good dictionary.
私はよい辞書を持っています。

② **I have** an older brother and two younger sisters.
私には兄が1人、妹が2人います。

③ **I have** an idea.
私に (よい) 考えがあります。

④ **I have** no idea.
私には分かりません。/私は知りません。

⑤ **I have** no time.
私には時間がありません。

⑥ **I have** a secret.
私には秘密があります。

⑦ **I have** a problem.
困っています。/問題があります。

⑧ **I have** a hangover this morning.
今朝は二日酔いだ。

⑨ **I have** an appointment with Mr. White.
ホワイトさんと (お会いする) 約束があります。

⑩ **I have** a great interest in art.
私は芸術にとても関心があります。

Pattern 10

> **ポイント**

- ✪ "**I have** ～." は「私は～を持っている。」の意味の基本的な表現です。
- ✪ "**I have** ～." は、品物など物質的な"物"を「(手に)持っている」「所有している」という以外に、下のような場合にも使われます。
  - 目に見えない「～(知識や考えなど)がある」
    I have an idea for it.「それについて考えがあります。」
  - 続柄として「～(親類・友人など)がいる」
    I have a brother.「兄弟が1人います。」
  - 体の不調を表して「～(病気など)にかかっている」「～(症状など)がある」(→パターン 11)
    I have a headache.「頭痛がある。」→「頭が痛い。」

> **発 展**

- ✪ "**I have got** ～."
  口語では、「持っている」「所有している」の意味では、"have" のかわりに "**have got**" が使われることがあります。会話ではよく "I've got ～." のように省略されます。

    I've got a lot of books.
    「私は本をたくさん持っています。」

    ※同じ "have" でも、「～する」の意味では、この形は使わない。たとえば、"have a bath"「入浴する」のかわりに"have got a bath"とは言わない。

> **語句と表現**

☞【例文 ②】英語では日本語と異なり、「きょうだい」は常に男女を区別して、男の「兄弟」を "brother"、女の「姉妹」を

"sister"で表します。反対に、年齢の長幼による「兄／弟」「姉／妹」の区別はあまりしません。特に区別をする必要がある場合は、**"older"** **"elder"**「年上の」や**"younger"**「年下の」を使い、"older [elder] brother / sister"「兄／姉」、"younger brother / sister"「弟／妹」のように言います。

☞【例文 ③④】名詞"idea"は、単に「考え」だけではなく、「(よい)思いつき」の意味を表すこともあります。**"I've got an [a good] idea!"** は「いいことを思いついた！」の意味でよく使われる表現です。また、**"have no idea"** は「分からない」「知らない」という意味になります。

Pattern 11

I have + 病気・症状.

「～（病気）にかかっている。」「～（症状）がある。」

> 基本例文　**I have** a cold.
> 「私は風邪をひいています。」

① **I have** the flu.
　私はインフルエンザにかかっています。

② **I have** a fever.
　熱があります。

③ **I have** a bad cough.
　咳がひどく出ます。

④ **I have** a sore throat.
　喉が痛いです。

⑤ **I have** a stuffy nose. / **I have** a runny nose.
　鼻がつまっています。／鼻水が止まりません。

⑥ **I have** diarrhea [loose bowels].
　下痢をしています。

⑦ **I have** a slight pain in my stomach.
　胃が少し痛いです。

⑧ **I have** a splitting headache.
　頭が割れるように痛いです。

⑨ **I have** stiff shoulders.
　肩がこっています。

⑩ **I have** high [low] blood pressure.
　私は血圧が高い［低い］です。

> ポイント

- ✪ 自分の体に、病気やその症状、痛みなどの不調があることを表すときは "have" を使って、"**I have** ＋病気・症状を表す言葉." の形で、「～(病気)にかかっている。」「～(症状)がある。」の意味を表します。
- ✪ 「軽い風邪」「軽い頭痛」のように、病気や症状の程度が「軽い」ときは "**slight**"(わずかな、少しの)を使います。

    a slight cold「軽い風邪」

    a slight headache「軽い頭痛」

    a slight fever「微熱」(⇔ a high fever [temperature]「高熱」)
- ✪ 「重い風邪」「ひどい頭痛」のように、病気や症状の程度が「重い」ときは "**bad**"(悪い、ひどい)などを使います。

    a bad cold「重い風邪」

    a bad headache「ひどい頭痛」
- ✪ "pain" は「痛み」を表す最も一般的な語で、程度を問わず、体のどの部分の痛みにも用いられます。「～(体の部位)に痛みがある」と言うには "in" を使って "**have a pain in *one's* [the]** ～" の形で表します。

    I **have a pain in my** leg.「私は脚が痛む。」

    また、「痛みの種類」を表す表現には次のようなものがあります。

    a **dull** pain「鈍い痛み」

    a **sharp** pain「鋭い痛み」

    a **throbbing** pain「ずきずきする痛み」

    a **piercing** pain「きりきりする痛み」

    a **stabbing** pain「刺すような痛み」

    a **burning** pain「焼けるような痛み」

Pattern 11

○ "ache" も「痛み」を表す語ですが、"pain" と異なり、体の特定部分の長く続く「鈍痛」を表します。

　　I **have an ache in my** back.「背中が痛む。」

また、"ache" は、多く、下のような複合語で使われます。

　　headache「頭痛」　　stomachache「胃痛」
　　toothache「歯痛」

(発　展)

○ "**I have got** 〜."

体調が悪いことを表す "I have 〜." の場合も、他の "I have 〜." の用法（→パターン10）と同様、会話では "**I have got** 〜." の形も使われます。

　　I've got a cold.「私は風邪をひいています。」

(語句と表現)

☞【基本例文・例文 ①】"**cold**" はいわゆる「風邪」、"**flu**" は "influenza" の略で「インフルエンザ（流感）」です。"flu" には多くの場合、冠詞 "the" をつけます。

☞【例文 ④】「のどの痛み」には "**sore**"（痛い）を使って、"**have a sore throat**"「のどが痛い」と言います。

☞【例文 ⑥】"diarrhea" は「下痢」です。"bowel" は「腸」で、"loose bowels" は「ゆるい腸」、つまり「下痢」を表します。"**I have diarrhea [loose bowels].**"「下痢をしています。」の表現では、"diarrhea" を使う方が一般的です。

Pattern 12

Do you have + 名詞 ?
「~を持っていますか?」「~はありますか?」

基本例文 # Do you have any questions?
「何か質問はありますか?」

① **Do you have** a pen?
ペンを持っていますか?

② **Do you have** any money with you?
お金の持ち合わせがありますか?

③ **Do you have** any brothers or sisters?
ご兄弟はいらっしゃいますか?

④ **Do you have** a fever?
熱はありますか?

⑤ **Do you have** time?
時間がありますか?

⑥ **Do you have** the time?
(今)何時ですか?

⑦ **Do you have** any plans for the holidays?
休暇には何か計画がありますか?

⑧ **Do you have** a table for two?
2人座れる席はありますか?〈レストランなどで〉

⑨ **Do you have** one like this?
これと同じようなものはありますか?〈店などで〉

⑩ **Do you have** anything to say?
何か言いたいこと[文句]がありますか?

Pattern 12

> ポイント

- ❂ "**Do you have ~?**" は「~を持っていますか?」「~はありますか?」の意味です。
- ❂ 店などで店員に対し、「~はありますか?」とたずねるときも、"Do you have ~?" を使います。

   Do you have any other designs?
   「他のデザインのものはありますか?」
   Do you have this in any other colors?
   「これの他の色のものはありますか?」
   Do you have this in a larger [smaller] size?
   「これの大きい[小さい]サイズのものはありますか?」
   Do you have a (little) less expensive one?
   「(もう少し) 安いのはありますか?」
   ↑ "cheap (cheaper)" は、「安っぽい」「質の悪い」という意味を含むので、使わない方が無難。

> 語句と表現

☞【例文 ⑤⑥】"**Do you have time?**" の "time"(無冠詞)は「時間(暇)」の意味で、「時間がありますか?」という意味、つまり「ちょっといいですか?」といった感じの表現になります。"**Do you have a minute?**" も同様の表現です。一方、"**Do you have the time?**" のように冠詞 "the" が付くと、「現在の時刻が分かりますか?」つまり「(今)何時ですか?」の意味になります。"**What time do you have?**" も同じく、時刻をたずねる表現 (→パターン 34・68) です。

Pattern 13

I have to + 動詞の原形.
「私は〜しなければなりません。」

I don't have to + 動詞の原形.
「私は〜する必要はありません。」

基本例文   **I have to** go now.
「私はもう行かなければなりません。」

① **I have to** say good-bye now.
私はもうおいとましなければなりません。

② **I have to** rush!
急がなくては！

③ **I have to** finish my work first.
私はまず自分の仕事を終わらせなければなりません。

④ **I have to** study English harder.
私はもっと熱心に英語を勉強しなくてはなりません。

⑤ **I have to** be there by two.
私は2時までにそこに行かなければなりません。

⑥ **I had to** get up early this morning.
私は今朝は早く起きなければなりませんでした。

⑦ **I had to** help my mother yesterday.
私は昨日は母を手伝わなければなりませんでした。

⑧ **I will have to** find another job.
私は他の仕事を探さなければならないでしょう。

⑨ **I don't have to** hurry.
私は急ぐ必要はありません。

⑩ **I didn't have to** attend the meeting.
私はその会議に出席する必要はありませんでした。

Pattern 13

> ポイント

- ✪ "**have to** ～" の形で「～しなければならない」の意味を表します。"have to" の後には「動詞の原形」が続きます。これは動詞 "have" が後ろに「to 不定詞（名詞的用法）」をともなっている形で、"have" の意味は to 不定詞がさす内容（～すること）を「義務・務めとして持つ」と考えて、"have to ～" 全体で「～しなければならない」という意味になります。

- ✪ "have to ～" の否定形は "**don't [doesn't] have to** ～" で「～する必要はない」の意味になります。

> 発　展

- ✪ "have to" と "must"
  - 助動詞の "must" も「～しなければならない」という「義務」「必要」の意味を表しますが、ニュアンスは、"have to" の方がやわらかく口語的です。
  - "must" には過去形・未来形がないので、かわりに "have to" の過去形（had to）、未来形（will have to）が使われます。
  - 「～しなければならない」の反対の「～しなくてもよい」（＝～する必要はない）は、"**don't have to** ～" "**don't need to** ～"（→パターン21）などで、"**must not** ～" は「～してはいけない」という「禁止」の意味になります。

- ✪ 主語が "I" 以外の "have to" を使った表現

    You **don't have to** worry.
    「あなたが心配する必要はありません。」
    She **has to** do it at once.
    「彼女はすぐにそれをしなければなりません。」

Pattern 14

Do I have to + 動詞の原形?
「私は〜しなければなりませんか?」

基本例文 **Do I have to** do it now?
「私はそれを今やらなければいけませんか?」

① **Do I have to** read this book?
私はこの本を読まなければなりませんか?

② **Do I have to** hurry?
私は急がなければいけませんか?

③ **Do I have to** go home?
私は家に帰らなければいけませんか?

④ **Do I have to** buy a ticket?
切符を買わなければいけませんか?

⑤ **Do I have to** declare my income?
収入を申告しなければいけませんか?

⑥ **Do I have to** pay an extra charge?
追加料金を払わなければいけませんか?

⑦ **Do I have to** make a reservation?
予約しなければいけませんか?

⑧ **Do I have to** wait for a long time?
長く待たなければなりませんか?

⑨ **Do I have to** answer the question?
その質問に答えなければいけませんか?

⑩ **Do I have to** stop practicing the piano?
私はピアノの練習をするのをやめなくてはいけませんか?

Pattern 14

> ポイント

- ✪ "**Do I have to ～?**" は、"I have to ～." 「私は～しなければならない。」(→パターン 13) の疑問形で、「私は～しなければなりませんか？」の意味です。"have to" の後には「動詞の原形」が続きます。

- ✪ "**Do I have to ～?**" に対する基本的な返答は、"**Yes, you do**." 「はい、あなたは～しなければなりません。」や、"**No, you don't (have to)**." 「いいえ、あなたは～する必要はありません。」などです。

    Do I have to go to the hospital?
    「私は病院へ行かなければいけませんか？」
    　　Yes, you do. 「はい、行かなければなりません。」
    　　No, you don't (have to). 「いいえ、行く必要はありません。」

> 発　展

- ✪ 主語が "I" 以外の "have to" を使った疑問文

    Do <u>you</u> **have to** go now?
    「あなたはもう行かなければならないのですか？」
    　　Yes, I do. 「はい、行かなければなりません。」
    　　No, I don't (have to). 「いいえ、行く必要はありません。」

- ✪ 疑問詞を使った "have to" の疑問文

    Where do <u>I</u> **have to** change trains?
    「どこで電車を乗り換えなければなりませんか？」

    What do <u>you</u> **have to** do next Sunday?
    「あなたは、次の日曜日は何をしなければならないのですか？」

Pattern 15

I know ～.
「～を知っています。」「～を分かっています。」

I don't know ～.
「～は知りません。」「～は分かりません。」

基本例文 **I know** a good Italian restaurant.
「いいイタリア料理店を知っています。」

① **I know**.
知っています。／分かっています。

② **I knew** it!
(そうなることは) 分かっていたんだ！／やっぱりね！

③ **I know** all about that.
そのことは全部知っています。

④ **I know** of her.
彼女のことは聞いて (間接的に) 知っています。

⑤ **I know** how to drive a car.
車の運転の仕方を知っています。

⑥ **I know** what you mean.
あなたの言いたいことは分かります。

⑦ **I know** how you feel.
あなたの気持ちは分かります。

⑧ **I don't know**.
知りません。／分かりません。

⑨ **I don't know** my size.
自分のサイズが分かりません。

⑩ **I don't know** where to go.
私はどこへ行ったらよいか分かりません。

Pattern 15

ポイント

✪ "I know 〜." は「〜を知っています。」「〜を分かっています。」の意味です。

✪ 否定形は "I don't know 〜." で、「〜は知りません。」「〜は分かりません。」の意味です。

✪ "I (don't) know" の後には「名詞」「名詞句」「名詞節」が続き、特に「疑問詞が導く句・節」が続くことが多くあります。

- I (don't) know +疑問詞+ to +動詞の原形.
  <u>疑問詞が導く名詞句</u>

  I don't know <u>where</u> to go.

  「私はどこへ行ったらよいか分かりません。」

  ↑ "疑問詞+ to 不定詞" の形は「〜すべきか？」の意味を表す。上の例は "I don't know" の目的語に "where to go?"「どこへいくべきか？」という「疑問詞が導く名詞句」がきている形。

- I (don't) know +疑問詞+ S + V.
  <u>疑問詞が導く名詞節</u>

  I know <u>where</u> he lives.

  「彼がどこに住んでいるか知っています。」

  ↑ 上の例は "I know" の目的語に "where does he live?"「彼はどこに住んでいるのか？」という疑問文がきている形。このように「疑問詞が導く名詞節」(where he lives) が文の一部になる形を「間接疑問」と呼ぶ。この場合、疑問詞の後は「S + V」の平叙文の語順になる。

語句と表現

☞【例文 ①⑧】"I know." は「知っています。」「分かっています。」の意味で、「あいづち」をうつときなどによく使われます。「言われなくても分かっている」といったニュアンスもあり、相手の言うことをうるさがって言う場合にも使われます。"I don't know." は「知りません。」「分かりません。」という意味ですが、「さあね。」といった軽い意味で使う場合や、驚き・怒りを表して「まさか！」といった意味で使われる場合などがあります。

☞【例文 ②】 "I knew it!" は、「(そうなることは)分かっていました。」という意味から、「やっぱりね。」「必ずそうなると思ったんだ。」などと言うときに使われる表現です。

☞【例文 ④】 "know A (人)"（"know" は他動詞）が「Aを知っている」「Aと知り合いである」という意味を表すのに対し、"know of A (人)"（"know" は自動詞）は「Aのことを(聞いて)間接的に知っている」という意味になります。

　I **know of** him, but I don't **know** him (personally).
　「彼のことは(うわさは聞いて)知ってはいますが、(個人的に)知り合いではありません。」

Pattern 16

Do you know ~ ?
「~を知っていますか？」「~が分かりますか？」

Don't you know ~ ?
「~を知らないのですか？」「~が分からないのですか？」

基本例文 ## Do you know that man?
「あの男の人を知っていますか？」

① **Do you know** her phone number?
彼女の電話番号を知っていますか？

② **Do you know** the way to the station?
駅までの行き方が分かりますか？

③ **Do you know** what to do?
何をしたらよいか分かりますか？

④ **Do you know** how to open this box?
この箱をどうやって開けたらよいか分かりますか？

⑤ **Do you know** where he lives?
彼がどこに住んでいるか知っていますか？

⑥ **Do you know** how old she is?
彼女が何歳か知っていますか？

⑦ **Do you know** what I mean?
私の言っていることが分かりますか？

⑧ **Do you know** whether he will come or not?
彼が来るのかどうか知っていますか？

⑨ **Don't you know**?
知らないのですか？／分からないのですか？

⑩ **Don't you know** what this is?
これが何だか知らないのですか？

> ポイント

- ✪ "**Do you know** 〜?" は「〜を知っていますか？」「〜が分かりますか？」というように、相手が"〜"の部分に入ることがらを知っているかたずねる表現です。

- ✪ "**Don't you know** 〜?" は「〜を知らないのですか？」「〜が分からないのですか？」というように、相手に確認する表現で、否定形でたずねる「否定疑問文」です。(「否定疑問」への返答の仕方については "Don't you think 〜?" の項を参照→パターン18)

- ✪ "Do [Don't] you know" の後には「名詞」「名詞句」「名詞節」が続き、特に「疑問詞が導く句・節」が続くことが多くあります("I know 〜." の項も参照 →パターン15)。

  - **Do [Don't] you know** +疑問詞+ to +動詞の原形?
    <u>疑問詞が導く名詞句</u>

    Do you know how to get there?

    「そこへはどう行くか知っていますか？」

    > ↑上の例は "Do you know" の目的語に "how to get there?"「どうやってそこへ行くか？（そこへの行き方）」という「疑問詞が導く名詞句」がきている形。"do you know" の後に "疑問詞+ to +動詞の原形?" が続くと、それぞれ、"**what to** 〜"「何を〜するか？」、"**which to** 〜"「どれを〜するか？」、"**when to** 〜"「いつ〜するか？」、"**where to** 〜"「どこで[へ]〜するか？」、"**how to** 〜"「どのように〜するか？」などを知っているかたずねる表現になる。

  - **Do [Don't] you know** +疑問詞+ S + V?
    <u>疑問詞が導く名詞節</u>

    Do you know who he is?「彼が誰か知っていますか？」

    > ↑上の例は "do you know" の目的語に "who is he?"「彼は誰ですか？」という疑問文がきている形（間接疑問）。

Pattern 16

語句と表現

☞【例文⑦】"**Do you know what I mean?**"は「私の言っていることが分かりますか?」と、相手が自分の言っていることをちゃんと理解しているか確認する表現です。同様の表現に"**Do you understand me?**"という言い方もあります。

Pattern 17

I think 〜.
「〜と思います。」

I don't think 〜.
「〜とは思いません。」「〜ないと思います。」

基本例文 **I think** he is right.
「彼は正しいと思います。」

① **I think** so.
 そう思います。

② **I think** I understand.
 分かったと思います。

③ **I think** I can help you.
 お手伝いできると思います。

④ **I think** you are right about that.
 そのことに関しては、あなたは正しいと思います。

⑤ **I think** you will like it.
 あなたはそれが気に入ると思います。／お気に召すと思います。

⑥ **I think** you should see a doctor.
 あなたは医者に診てもらった方がいいと思います。

⑦ **I think** it will rain tomorrow.
 明日は雨が降ると思います。

⑧ **I don't think** so.
 私はそうは思いません。

⑨ **I don't think** he is clever.
 私は彼が賢いとは思いません。

⑩ **I don't think** it will snow tonight.
 今夜は雪は降らないと思います。

Pattern 17

> **ポイント**

- ✪ "**I think** ～." は「～と思います。」の意味で、自分の考えを述べるときの表現です。また、"I think" が文全体の表現をやわらげる働きを持つこともあります。

- ✪ "**I don't think** ～." は "I think ～." の否定形で、「～とは思いません。」「～ないと思います。」の意味です。

  - "I think + S + V ～." の否定形には、"**I don't think + S+V ～.**"「～とは思わない。」、または、"**I think+S+ don't** など**+V** ～."「～ないと思う。」の2通りの言い方があります。前者の "I don't think+S+V～." の方がやわらかい感じの言い方で、よく使われます。

    I don't think it will rain tonight.
    ≒ **I think** it will **not** rain tonight. ← あまり使われない。
    「今夜は雨は降らないと思います。」

- ✪ "I (don't) think ～." の後に「S + V」が続くときは、"**I (don't) think that + S + V ～.**" のように、「S + V」の前に "that" が入りますが、会話では通常省略されます。

    I think (that) he is right.「彼は正しいと思います。」

> **発　展**

- ✪ "I think ～." 以外の「～と思う。」の表現

  - **I guess** ～.：「(推量して) ～と思う。」
    I guess she will come soon.「彼女はすぐ来ると思います。」

  - **I suppose** ～.：「(推察して) ～と思う。」
    I suppose the answer is correct.
    「その答えは正しいと思います。」

- **I'm afraid ~.**：「(好ましくないことを予想して) ~と思う。」
  I'm afraid he won't come.
  「彼は来ないのではないかと思います。」

(語句と表現)

☞ 【例文 ①⑧】"**I think so.**" は相手の言ったことや問いかけに対して、「そう思います。」と「肯定」の考えを示したり、あいづちをうつときに使われる表現です。また、相手の意見に「私もそう思います。」と「賛同」を示すときは、"**I think so, too.**" と言います。反対に「否定」を表す "**I don't think so.**"「そうは思いません。」も会話の中でよく使われる表現です。相手に賛同を求めるときは "**Don't you think so?**"「そう思いませんか？」と言います。

☞ 【例文 ④】"**I think you are right.**" は「あなたは正しい。」「あなたの言う通りだ。」というように、相手の考えや言っていることを「肯定」する表現です。強調したいときは "quite" を使って "**I think you are quite right.**"「あなたは本当に正しいと思います。」のように言います。反対に相手の考えを「否定」する場合は "**I don't think you are right.**"「あなたは正しいと思いません。」と言います。もっと強く、「あなたは間違っている。」と言いたければ "**I think you are wrong.**" と言います。

Pattern 18

Do you think 〜 ?
「〜と思いますか？」

Don't you think 〜 ?
「〜とは思いませんか？」

基本例文 **Do you think** she will come?
「彼女は来ると思いますか？」

① **Do you think** so?
そう思いますか？

② **Do you** really **think** so?
本当にそう思いますか？

③ **Do you think** he is wrong?
彼は間違っていると思いますか？

④ **Do you think** she is serious?
彼女は本気［真剣］だと思いますか？

⑤ **Do you think** it's all right?
それでいいと思いますか？

⑥ **Do you think** it's too expensive?
それは高すぎると思いますか？

⑦ **Do you think** it will snow?
雪が降ると思いますか？

⑧ **Don't you think** so?
そう思いませんか？

⑨ **Don't you think** he is right?
彼は正しいと思いませんか？

⑩ **Don't you think** she is selfish?
彼女はわがままだと思いませんか？

> ポイント

- ✪ "**Do you think ～?**" は「～と思いますか？」というように、相手の考えをたずねる表現です。
- ✪ "**Don't you think ～?**" は「～とは思いませんか？」と、相手に確認したり賛同を求めたりする表現です。
- ✪ "Do [Don't] you think ～?" の後に「S + V」が続くときは、"**Do [Don't] you think that** + **S + V** ～?" のように、「S + V」の前に "that" が入りますが、会話では通常省略されます。なお、"that" 以下の語順は、肯定文と同じ「S + V」の順です。
- ✪ "Do you think ～?" と "Don't you think ～?" への答え方
  - ●肯定（そう思うとき）

    Yes, I think so.「はい、そう思います。」

    Yes, definitely.「絶対にそうです。」
  - ●否定（そう思わないとき）

    No, I don't think so. ／ No, I think not.

    「いいえ、そうではないと思います。」

    ↑ "so" "not" は、質問文の "think" 以下（that 節）の代用。

    No, not at all.「まったくそうは思いません。」

    I'm not sure.「よく分かりません。」

～「否定疑問文」への答え方～

"Don't you think ～?"「～とは思いませんか？」と否定形できかれたときも、答え方は "Do you think ～?" の場合と同じで、質問文の内容を「肯定」する場合は "yes"、「否定」する場合は "no" で答えます。日本語の「はい、思いません。」につら

れて、"Yes, I don't think so." のように言うのは誤りです。(否定疑問文→パターン8)

Do you think he is right?
「彼は正しいと思いますか？」

Don't you think he is right?
「彼は正しいとは思いませんか？」

　返答は、どちらの場合も、
　　「正しい」と思うとき→ **Yes, I think so**.
　　「正しい」と思わないとき→ **No, I don't think so**.

(語句と表現)

☞【例文①②⑧】"**Do you think so?**" は「(本当に)そう思いますか？」と、相手の言ったことや考えを「確認」するとき、または単なる「あいづち」のような軽い意味で、会話の中でよく使われる表現です。特に「本当に」を強調してききたいときは、"**Do you really think so?**" と言います。また、"**Don't you think so?**" は「そう思いませんか？」と、相手に自分の言ったことなどに対して「賛同」を求めるときに使います。

Pattern 19

I feel ～.
「～を感じる。」「～と感じる。」

基本例文 **I feel** lonely.
「さびしいです。」

① **I feel** fine.
気分［調子］がいい。

② **I feel** sick.
気分が悪い。／吐き気がします。

③ **I feel** depressed.
気がめいっています。

④ **I feel** really tired.
とても疲れました。

⑤ **I feel** a pain in my right foot.
右足に痛みを感じます。

⑥ **I felt** his eyes on my back.
私は彼の視線を背中に感じた。

⑦ **I feel** sorry for her.
彼女が気の毒です。

⑧ **I don't feel** much pity for him.
彼をあまりかわいそうだとは思いません。

⑨ **I feel** bad about that.
そのことはすまなく思います。

⑩ **I feel** guilty.
気がとがめます。／申し訳なく思います。

Pattern 19

ポイント

○ "**I feel ～.**" は「～を感じる。」「～と感じる。」の意味で、「体」で感じる場合（感触など）にも、「心」で感じる場合（気持ちなど）にも使われます。"～"の部分には「名詞」や「形容詞」が入ります。

○ "**I feel ＋形容詞.**" は、体調や気分を表すのによく使われます。

　　I feel well.「気分［調子］がいい。」
　　I feel great.「気分は最高だ。」
　　I feel much better.「気分が大分よくなった。」
　　I feel happy.「楽しい。」「幸せだ。」
　　I feel sad.「悲しい。」
　　I feel cold.「寒い。」
　　I feel warm.「暖かい。」
　　I feel sleepy.「眠い。」
　　I feel dizzy.「めまいがする。」
　　I feel nauseous.「吐き気がする。」

発　展

○ "**feel like ～**"「～のように感じる」を使った表現

- **I feel like** ＋名詞.：「～が欲しい(気がする)。」
　　　　　　　　「(自分が)～のような気がする。」
　I feel like a cup of coffee.「コーヒーを1杯飲みたい。」
　I feel like a star.「スターになった気分だ。」

- **I feel like** ～**ing**（動名詞）.：「～したい気がする。」
　I feel like having a cup of tea.
　「お茶を1杯飲みたい気分だ。」

I don't **feel like** doing anything tonight.

「今夜は何もする気がしない。」

- **A**(物など) **feel**(**s**) **like**＋名詞.：「Aは〜のような感じがする。」

    This feels like real leather.

    「これは本物の革のような手触りがする。」

    It feels like rain.

    「雨になりそうだ。」("it"は「天気」を表す。)

(語句と表現)

☞【例文 ②】"sick" は「病気の」という意味以外に、「吐き気がする」の意味でも使われます。

☞【例文 ⑥】"**feel** *A's* **eyes on** 〜" は直訳すると、「〜にAの目を感じる」で、つまり「〜にAの視線を感じる」となります。

☞【例文 ⑨】"**feel bad** (**about** 〜)" は「(〜のことを) すまなく思う」「(〜のことを) 後悔する」の意味です。また、"feel bad" には「気分がよくない」の意味もあり、"I feel bad today." と言えば「今日は気分がよくない。」となります。

Pattern 20

I make / have / let + O(人など)+動詞の原形.
I get + O(人など)+ **to** +動詞の原形.
「O に〜させる。」
I have / get + O(物など)+過去分詞.
「O を〜してもらう[させる]。」「O を〜される。」

基本例文　**I made** him clean the bathroom.
「私は彼に浴室を掃除させました。」

① **I made** him go against his will.
私は彼を無理やり行かせました。

② **I had** her help me with my homework.
私は彼女に宿題を手伝ってもらいました。

③ **I will have** him call you back soon.
彼にすぐに折り返し電話させます。

④ **I let** him go.
私は彼を行かせた。／私は彼を放してやった。

⑤ **I will get** him to wash my car.
彼に私の車を洗わせよう。

⑥ **I had** my hair cut.
私は髪を切ってもらいました。

⑦ **I got** my watch repaired.
私は時計を直してもらいました。

⑧ **I got** my room cleaned by my brother.
私は弟に部屋を掃除させました。

⑨ **I had** my camera stolen.
私はカメラを盗まれました。

⑩ **I got** my pocket picked in the train.
私は電車でスリにあいました。

> ポイント

- 使役動詞 "make" "have" "let" は、"**make / have / let** + **O**(人など)+動詞の原形" の形で「Oに〜させる」という「使役」の意味を表します。この文型（S+V+O+C）では、目的格補語(C)には「原形不定詞」（＝動詞の原形）がきます。
（→基本例文・例文①②③④）

- 使役動詞は「（人に）〜させる」というように、相手にある動作・状態を起こさせる動詞ですが、それぞれ次のようにニュアンスが異なります。

    - **make**：（強制的に）〜させる
    - **have**：（make より弱い強制で）〜させる、〜してもらう
    - **let**　：（許可して）〜させる、自由に〜させておく

- 動詞 "get" にも「〜させる」の意味の「使役」の用法がありますが、"**get** + **O**(人など)+**to** +動詞の原形" のように、他の使役動詞と異なり、目的格補語(C)には「原形不定詞」ではなく「to 不定詞」が使われます。（→例文⑤）

    I **got** him to paint the house.
    ＝ I **had** him paint the house.
    「私は彼に家のペンキを塗らせた。」

- "have" "get" を使った同じ「S＋V＋O＋C」の文型で、目的格補語(C)に「過去分詞」がきた "**have / get** + **O**(物など)+過去分詞" の形もあります。この形では「使役」と「受身」の意味があります。

    - 使役：「Oを〜してもらう［させる］」（→例文⑥⑦⑧）
    ※主語の意志で、主語にとって利益になることを「してもらう」「させる」。
    - 受身：「Oを〜される」（→例文⑨⑩）
    ※主語の意志ではなく、主語にとって被害になることを「される」。

Pattern 20

（発　展）

○S + V（知覚／使役動詞）+ O + C（原形不定詞）〈能動態〉
→ S + V + C（to 不定詞）〈受動態〉

知覚動詞（see、hear など）や使役動詞（make、let など）の能動態の文を受動態の文に変えるときは、補語（C）の「原形不定詞」は「to 不定詞」に変えます。

<u>My mother</u> **made** me **clean** the room.
　　S　　　　　V　　O　　C（原形不定詞）

「母は私に部屋を掃除させた。」〈能動態〉

→ <u>I</u> **was made to clean** the room **by** my mother.
　S　　V　　　　C（to 不定詞）

「私は母に部屋を掃除させられた。」〈受動態〉

Pattern 21

I need + 名詞.
「〜が必要です。」「〜が欲しいです。」

I need to + 動詞の原形.
「〜する必要があります。」

基本例文 **I need** your help.
「あなたの助けが必要です。」

① **I need** you.
私にはあなたが必要です。

② **I need** your advice.
あなたのアドバイスが欲しいです。

③ **I need** some medicine.
薬が欲しいのですが。

④ **I need** some rest.
少し休みたいのですが。

⑤ **I need** a vacation.
私には休暇が必要です。

⑥ **I need** more time to decide.
決めるのにもう少し時間がかかります。

⑦ **I need to** see a doctor.
私は医者に診てもらう必要があります。

⑧ **I need to** talk to you.
あなたに話をする必要があります。

⑨ **I need to** get this done today.
私はこれを今日中にやってしまう必要があります。

⑩ **I don't need to** do it.
私はそれをする必要がありません。

Pattern 21

> ポイント

- ✪ "**I need** ＋名詞."は、「何か（もの）」が必要なときに、「〜が必要です。」「〜が欲しいです。」と言う表現です。"need"の後に「必要なもの」「欲しいもの」を入れます。
- ✪ 「もの」ではなく、「何かをすること（行為）」が必要であることを表すときは、"**I need to** ＋動詞の原形."「〜する必要があります。」を使います。"to"の後には動詞の原形が続き「need ＋ to 不定詞（名詞的用法）」の形となります。

> 発　展

- ✪ "**need ＋ A**（人）＋ **to** ＋動詞の原形":「A に〜してもらう必要がある。」「A に〜してもらいたい。」

  「自分が〜する必要がある」のではなくて、「他人に〜してもらう必要がある」と言うときは、"need"の後に対象となる人を置き、その後に「to ＋動詞の原形」を続けます。

  I need you **to** see him.「あなたには彼に会ってもらいたい。」

- ✪ 前ページの例文では、"need"は「本動詞」として使われていますが、「否定文」や「疑問文」では、"need"が「助動詞」として使われる（後ろに"to"をともなわず、直接「動詞」が続く）こともあります。助動詞として使う方が形式ばった言い方で、口語では本動詞として使うのが一般的です。

  - 否定文： You **need** not come.（助動詞）
    ＝ You don't **need to** come.（本動詞）
    「あなたは来る必要はありません。」
  - 疑問文： **Need** I go there?（助動詞）
    ＝ Do I **need to** go there?（本動詞）
    「私がそこへ行く必要はありますか？」

Pattern 22

I'm sure 〜.
「きっと〜だと思います。」「〜を確信しています。」

I'm not sure 〜.
「〜はよく分かりません。」「〜には確信がありません。」

基本例文
I'm sure I can do it.
「私はきっと(それが)できると思います。」

① **I'm** quite **sure** of it.
それはかなり確かです。／それにはかなり確信があります。

② **I'm sure** (that) I have a reservation.
私は確かに予約してあります。

③ **I'm sure** (that) I locked the door.
私は確かにドアに鍵をかけました。

④ **I'm sure** (that) he will come.
彼はきっと来ると思います。

⑤ **I'm sure** (that) you will succeed.
あなたはきっと成功すると思います。

⑥ **I'm not sure**.
私にはよく分かりません。

⑦ **I'm not sure** of her address.
彼女の住所はよく分かりません。

⑧ **I'm not sure** what you mean.
あなたの言っていることがよく分かりません。

⑨ **I'm not sure** where to go.
私はどこへ行けばいいのかよく分かりません。

⑩ **I'm not sure** if he will come back.
彼が帰ってくるかどうかよく分かりません。

Pattern 22

> **ポイント**

- ✪ "**I'm sure ～.**" は「きっと～だと思います。」「～を確信しています。」の意味で、"～"の部分に入ることがらについて、確信があることを表す表現です。
- ✪ 否定形 "**I'm not sure ～.**" は「～はよく分かりません。」「～には確信がありません。」の意味です。
- ✪ "sure" の後には、以下のような形が続きます。
  - I'm (not) sure **of [about]**＋名詞.
  - I'm (not) sure **(that)** ＋ S ＋ V.
  - I'm (not) sure ＋疑問詞 / **whether** / **if** ＋ S ＋ V.
  - I'm (not) sure ＋疑問詞＋ **to** ＋動詞の原形.

> **発　展**

- ✪ 疑問形の "**Are you sure ～?**"「確かに～だと思いますか？」「～は確かですか？」の形もよく使われる表現です。

    Are you sure?
    「確かですか？」「本当ですか？」
    Are you sure you can do it?
    「あなたは本当にそれができるのですか？」
    Are you sure about his telephone number?
    「彼の電話番号は確かですか？」

> **語句と表現**

☞【例文　①】"sure" を強調するには "quite" を使い、"**quite sure**"「かなり確か」のように言います。"**not quite sure**" だと「あまり確かではない」となります。

Pattern 23

I'm afraid ～.

「残念ながら～です。」「申し訳ありませんが～です。」
「～ (ではないか) と思います。」

基本例文 ## I'm afraid I can't go.
「残念ですが私は行けません。」

① **I'm afraid** I should be going now.
残念ですが、そろそろおいとましなければなりません。

② **I'm afraid** I can't help you.
申し訳ありませんが、お手伝いできません。

③ **I'm afraid** I'm in a hurry.
申し訳ありませんが、私は急いでいるのです。

④ **I'm afraid** he is out right now.
あいにくただいま彼は外出中です。〈電話などで〉

⑤ **I'm afraid** you have the wrong number.
失礼ですが番号をお間違えのようです。〈電話で〉

⑥ **I'm afraid** I lost my key.
どうも鍵をなくしたようです。

⑦ **I'm afraid** she won't come.
彼女は来ないのではないかと思います。

⑧ **I'm afraid** it's going to rain.
どうも雨が降りそうです。

⑨ **I'm afraid** so.
残念ながらそうです。／そのようです。

⑩ **I'm afraid** not.
残念ながらそうではありません。／そうではなさそうです。

Pattern 23

ポイント

○ 形容詞 "afraid" の最も基本的な意味は「恐れて」ですが、他に「気遣って」「心配して」「懸念して」、また「ためらって」などの意味があります。"**I'm afraid 〜.**" は「残念ながら〜です。」「申し訳ありませんが〜です。」、また、よくないことや心配なことなどを予想して「〜（ではないか）と思います。」などの意味を表します。いずれの場合でも "I'm afraid" は表現をやわらげる働きをしています。

○ "I'm afraid" は主に文頭に用いられます。後に「S + V」が続く場合でも、普通 "that" はともないません。また、文の後につけられることもあります。

　　You are wrong, **I'm afraid**.
　　「どうもあなたは間違っているようです。」

発展

○ "**I am afraid of** +名詞."：「私は〜が怖い。」
形容詞 "afraid" の基本的な意味の「恐れて」の表現で、「〜が怖い」と言うときは "of" を使い "***be* afraid of 〜**" の形で表します。

　　I'm afraid of snakes.「私はヘビが怖い。」

語句と表現

☞【例文 ⑨⑩】"**I'm afraid so.**"「残念ながらそうです。」「そのようです。」は相手が言ったことへの「肯定」の返事、"**I'm afraid not.**"「残念ながらそうではありません。」「そうではなさそうです。」は相手が言ったことへの「否定」の返事として使われま

す。会話でよく使われる、「従属節」を簡単にした形（"so" "not" が相手の言った内容の代用として使われている）の表現です。

Is the news true?「その知らせは本当ですか？」

I'm afraid so. (= I'm afraid it is true.)
「残念ながらそう（＝本当）です。」

I'm afraid not. (= I'm afraid it is not true.)
「残念ながらそう（＝本当）ではありません。」

Do you really have to go?
「あなたは本当に行かなければならないのですか？」

I'm afraid so. (= I'm afraid I have to go.)
「残念ですがそう（＝行かなければならない）です。」

Will you be able to come?「あなたは来られますか？」

I'm afraid not. (= I'm afraid I won't be able to come.)
「残念ですがだめ（＝来られない）です。」

Pattern 24

I am sorry 〜.

「〜をすまなく［申し訳なく］思います。」
「〜を気の毒に思います。」

基本例文 **I'm** very **sorry**.
「本当にすみません。」「大変お気の毒です。」

① **I'm** very **sorry** for the inconvenience.
ご迷惑［不便］をおかけして大変申し訳ありません。

② **I'm sorry** about the other day.
先日は失礼いたしました。

③ **I'm sorry** (that) I couldn't come.
お伺いできなくてすみませんでした。

④ **I'm sorry** to trouble you.
ご迷惑をおかけしてすみません。／お手数をおかけしてすみません。

⑤ **I'm sorry** to be late.
遅れてすみません。

⑥ **I'm sorry** to have kept you waiting.
お待たせしてすみませんでした。

⑦ **I'm sorry** for her.
彼女が気の毒です。

⑧ **I'm sorry** about your misfortune.
ご災難をお気の毒に存じます。

⑨ **I am** very **sorry** (that) your father is ill.
お父様のご病気をたいへんお気の毒に思います。

⑩ **I'm sorry** to hear that.
それはお気の毒です。

ポイント

○ 形容詞 "sorry" には「すまなく[申し訳なく]思って」と、「気の毒に思って」の意味があり、"**I am sorry**." は、「すみません。」と「謝罪」するときと、「お気の毒です。」と相手に「同情」するときの両方に使われる表現です。どちらも "very" を使い "I'm very sorry." と言うと「本当に」と意味を強めることができます。「すみません。」の意味では "very" の代わりに "so" もよく使われます。口語ではたいてい "**I'm sorry 〜**." と短縮されます。

○ "I am sorry" の後には、以下のような形が続きます。

- I am sorry **for** [**about**] ＋名詞.：
  「〜のことをすまなく[気の毒に]思う。」
- I am sorry (**that**) ＋ S ＋ V.：
  「〜ということをすまなく[気の毒に]思う。」
- I am sorry **to** ＋動詞の原形.：
  「〜してすまなく[気の毒に]思う。」

発　展

○ "Sorry." だけでも、簡単に「すみません。」と謝るときに使われます。また、相手の言ったことが聞き取れなかったとき、上昇調で "Sorry?" と発音して「何と言われましたか？」（＝ "Pardon?"）と聞き返すときにも使われます。

○ その他の「すみません。」の表現。

　　　Excuse me. / Pardon me.「失礼。」「すみません。」
　　　I beg your pardon.「失礼いたしました。」「すみませんでした。」
　　　I apologize.「お詫びいたします。」
　　　Please forgive me.「どうぞお許しください。」

Pattern 24

✪ "sorry" には他に、「残念に思って」の意味もあり、"**I am sorry, but** ~." "**I am sorry (that)** ~." "**I am sorry to say (that)** ~." などの形で、「断り」「言いわけ」「遺憾」「反対」などの表現として、「残念ながら~です。」「すみませんが~です。」(「謝罪」とニュアンスが異なる) といった意味を表します。

I am sorry, but I can't.
「すみませんが、私にはできません。」
I am sorry, but I don't think so.
「すみませんが、私はそうは思いません。」
I am sorry, but I have a previous appointment.
「残念ですが先約があります。」
I am sorry (that) you cannot stay longer.
「あなたがもっと長くいられなくて残念です。」
I am sorry to say (that) I cannot come to the party.
「残念ですが、パーティーにはお伺いできません。」

語句と表現

☞【例文⑩】"**I'm sorry to hear that.**" は相手が言ったことに対し、その内容について「(それをお聞きして)お気の毒に思います。」と言うときの表現です。

Pattern 25

I'm glad ～.
「～をうれしく思います。」

基本例文 **I am so glad.**
「とてもうれしいです。」

① **I'm glad** at the news.
その知らせをうれしく思います。

② **I'm glad** about your success.
あなたの成功をうれしく思います。

③ **I would be glad** of your help.
あなたに手伝っていただけるとうれしいです。

④ **I'm glad** (that) you like it.
気に入っていただけてうれしいです。

⑤ **I'm** very **glad** (that) I wasn't there.
私はそこに居合わせなくて本当によかった。

⑥ **I'm glad** (that) I could help.
お役に立ててうれしいです。

⑦ **I'm glad** to hear that.
それはよかったですね。

⑧ **I'm glad** to meet you.
お会いできてうれしいです。／はじめまして。

⑨ **I'm glad** to have met you.
お会いできてうれしかったです。

⑩ **I'm glad** to see you again.
またお会いできてうれしいです。

Pattern 25

> ポイント

- ⭐ "**I'm glad** 〜." は「〜をうれしく思います。」のように、「喜びの気持ち」を表す表現です。
- ⭐ "I'm glad" の後には、以下のような形が続きます。
  - I'm glad **at** [**about** / **of**]+名詞. :
    「〜のことをうれしく思う。」
  - I'm glad (**that**)+ S + V. :
    「〜ということをうれしく思う。」
  - I'm glad **to** +動詞の原形. :
    「〜してうれしく思う。」

> 発 展

⭐ "**I will be glad to** 〜.":「喜んで〜します。」

"be glad to 〜" は「喜んで〜する」の意味も表します。この意味では、通常「未来時制」を使います。

　　I'll be glad to do what I can.
　　「喜んで、できるだけのことをいたします。」

　　Will you be coming?「あなたはいらっしゃいますか？」
　　　Yes, **I will be glad to**.「ええ、喜んで（伺います）。」

> 語句と表現

☞【例文③】"**I would be glad of your help.**" は「もし手伝っていただけたら（その手伝いをうれしく思う）」という「仮定の気持ち」を表すため、be 動詞を "would be" の形（一種の仮定法）にしています。

☞【例文 ⑦】"**I'm glad to hear that**." は、相手が言ったことに対して、「(それをお聞きして) うれしく思います。」→「よかったですね。」という表現です。

☞【例文 ⑧⑨⑩】「(人に) 会う」という場合、通常、"meet" は「初対面」のとき、"see" は既知の人との「再会」のときに使われます。"**I'm glad [pleased] to meet you**." は初対面のあいさつで「お会いできてうれしいです。」という意味とともに、「はじめまして。」の決まり文句として使われます。"**Nice [Pleased] to meet you**." も同じ意味です。"**I'm glad to have met you**." は初対面の人との別れ際に使い、「完了形」を使うことによって「(今まで) 会っていた」ことをうれしく思うという意味です。"**Nice to have met you**." も同じです。"**I'm glad to see you (again)**." は既に知っている人に対して「(また) お会いできてうれしいです。」と言うときのあいさつです。

Pattern 26

Thank you (for)〜. / Thanks (for)〜.

「〜(を)ありがとう。」「〜(に)感謝しています。」

基本例文 **Thank you** very [so] much.
「本当にどうもありがとうございます。」

① **Thank you for** your letter.
お手紙をありがとうございます。

② **Thank you for** your kindness.
ご親切にありがとうございます。

③ **Thank you for** your help [helping me].
お手伝いありがとうございます。

④ **Thanks for** calling.
お電話ありがとう。

⑤ **Thank you for** waiting.
待っていてくれてありがとうございます。／お待たせしました。

⑥ **Thank you** very much **for** inviting me.
お招きいただき本当にありがとうございます。

⑦ **Thank you** so much **for** coming all this way.
はるばるお越しいただき誠にありがとうございます。

⑧ **Thanks for** everything.
いろいろありがとう。

⑨ **Thank you** anyway.
とにかくありがとうございます。

⑩ No, **thank you** [**thanks**].
いいえ、けっこうです。

> ポイント

- ◎ "thank" は動詞で「(〜に)感謝する」の意味で、"**Thank you.**" は「あなたに感謝します。」、つまり「ありがとう。」の意味になります。主語 "I" をつけた "I thank you." は形式ばった言い方です。
- ◎ "**Thanks.**" は "Thank you." のくだけた言い方です。
- ◎「〜をありがとう。」「〜に感謝しています。」のように、「感謝する内容」を表すときは "for" を使います。"for" の後には「名詞」や「動名詞」が入ります。
- ◎ "Thank you."「ありがとう。」に対する「どういたしまして。」の返事には、次のようなものがあります。

    You're (quite) welcome.
    (It's) My pleasure.
    The pleasure is mine.
    Don't mention it.
    Don't worry about it.
    Not at all.
    No problem.

> 発 展

- ◎ "Thank you." "Thanks." を強調するには次のような言い方があります。

    Thank you very [so] much.
    Thanks very [so] much.
    Thanks a lot [a million / a thousand].
    Many [A thousand] **thanks**.

Pattern 26

○ 演説などで、自分の話を終えるときに、最後に「以上です。」の意味で "Thank you." と言います。これは、「ご静聴ありがとうございました。」というような意味合いです。

○ "Thank you." "Thanks." の後には、よく **"That's very kind [nice] of you.**"「どうもご親切に。」、**"I really appreciate it**."「本当に感謝します。」などが添えられます。

語句と表現

☞【例文 ⑨】**"Thank you anyway."** は、結果的に相手の好意などを断ったとき、または相手がこちらの要望に応えられなかったときなどに、「それでもやはり」「とにかく」ありがとう、と言うときの表現です。"**Thank you just [all] the same.**" でも同じ意味を表します。

☞【例文 ⑩】相手の申し出を「ありがとう、でも結構です。」と「丁寧に断る」には、"**No, thank you.**" を使います。反対に申し出を「受ける」ときは、"**Yes, please.**"「はい、お願いします。」を使います。

 Would you like some more tea?
 「お茶をもう少しいかがですか？」
  Yes, please.「はい、お願いします。」
  No, thank you.「いいえ、結構です。」

Part 2
「もの」が中心の表現

Pattern 27

This is ~.
「これは〜です。」

基本例文 **This is** my watch.
「これは私の時計です。」

① **This is** nice [good].
これいいね。／これおいしいね。

② **This is** for you.
これはあなたにです。／あなたにプレゼントです。

③ **This is** my treat.
これは私のおごりです。

④ **This is** my friend, Jack Brown.
こちらは私の友人のジャック・ブラウンです。

⑤ Mr. White, **this is** Ms. Suzuki.
ホワイトさん、こちらは鈴木さんです。

⑥ **This is** my husband [wife].
これは私の夫［妻］です。

⑦ Hello, **this is** Mrs. Tanaka (speaking).
もしもし、こちらは田中です。〈電話で〉

⑧ **This is** he [she].
はい、私です。〈電話で〉

⑨ **This is** it!
これだ！

⑩ **This isn't** my day.
今日はついていない。

Pattern 27

> **ポイント**

- ⭐ **"This is ~."** は、話し手の身近にあるものをさして「これは～です。」と言う表現です。

- ⭐ "This is ~." は「物」だけでなく、「こちらは～(誰)です。」のように、「人」に対しても使われます。"this" は「これ」と訳されることから、人に使うのは失礼に思われがちですが、紹介するときなどに、目上の人に使っても問題ありません。また、電話では自分をさすのにも使われます。

> **語句と表現**

☞【例文 ①】"nice" "good" は食べ物が「おいしい」と言う時にも使われます。

☞【例文 ②】プレゼントなどを渡すとき、**"This is for you."** と言って手渡します。

☞【例文 ⑦】電話で「こちらは～です。」と名乗るときは、**"This is ~ (speaking)."** を使います。この場合、自分に "Mr." "Mrs." "Miss" などをつけることがありますが、日本語に訳される「～さん」のような敬称の意味はありません。

☞【例文 ⑧】自分あての電話に出たときは、**"This is he [she]."** や **"Speaking."** と言って答えます。

☞【例文 ⑨】**"This is it!"** は探していたものが見つかったとき、目的のもの・状態にいきついたときなどに使われます。

☞【例文 ⑩】**"This isn't my day."** は「今日はついていない。」の意味の慣用表現です。

Pattern 28

Is this ～ ?
「これは～ですか？」

基本例文 **Is this** your umbrella?
「これはあなたの傘ですか？」

① **Is this** yours?
これはあなたのですか？

② **Is this** for me?
これは私にくれるのですか？

③ **Is this** new?
これは新しいですか？

④ **Is this** delicious?
これおいしい？

⑤ **Is this** free?
これはただ［無料］ですか？

⑥ **Is this** on sale?
これは特売品ですか？

⑦ **Is this** the right way to the station?
駅へ行くのはこの道で正しいですか？

⑧ **Is this** your first trip to Japan?
日本を訪れるのはこれが初めてですか？

⑨ **Is this** John?
ジョンですか？〈電話で〉

⑩ **Is this** the Brown residence?
こちらはブラウンさんのお宅でしょうか？〈電話などで〉

Pattern 28

ポイント

- ✪ "**Is this ～?**" は、話し手の身近にあるものをさして「これは～ですか?」とたずねる表現です。

- ✪ "Is this ～?" への答え方は、肯定の場合は "**Yes, it is.**"「はい、そうです。」、否定の場合は "**No, it isn't.**"「いいえ、違います。」のように、"it" を使って答えます。

- ✪ "Is this ～?" は、電話で、自分が話している相手が誰かを確かめるときにも使われます。"this" を使うのは主に《米》での用法で、《英》では "that" が使われます。

    Is this [that] Taro [Hanako]?「太郎[花子]ですか?」
    Yes, speaking. / Yes, this is he [she].
    「はい、そうです。」

語句と表現

☞【例文 ⑤】形容詞 "**free**" には、「自由な」以外に「無料の」「無税の」などの意味があります。"a free ticket" は「無料切符(入場／乗車券)」、"a free sample" は「無料試供品」です。

There is no such thing as a free lunch.
「ただより高い物はない。」〈ことわざ〉

☞【例文 ⑥】"**on sale**"は「特売で」「売りに出て」の意味です。

☞【例文 ⑩】"residence" は「住居」の意味で、"**the ＋名字＋ residence**" で、「～さんのお宅」を表します。ちなみに、"**the ＋名字の複数形**"(例：the Browns)では「～家(の人々)」の意味になります。また、例文は "Is this Mr. Brown's residence?" のようにも言えます。

Pattern 29

That is 〜.
「あれ [それ] は〜です。」

基本例文 **That is** my book.
「あれは私の本です。」

① **That is** my daughter.
あれは私の娘です。

② **That's** a good idea.
それはいい（考え）ですね。

③ **That's** fine (with me).
(私は) それでいい [結構] ですよ。

④ **That's** right.
そのとおりです。／それでよし。

⑤ **That's** all right [okay].
いいんですよ。／かまいませんよ。

⑥ **That's** too bad.
それは残念です。／それはお気の毒です。

⑦ **That's** enough.
それで充分です。／もうたくさんだ。

⑧ **That's** all.
それで全部 [おしまい] です。／それだけ（のこと）です。

⑨ **That's** it!
そう、それです！／それで全部 [おしまい] です！

⑩ **That's** not true.
それは真実ではありません。／それはうそです。

Pattern 29

ポイント

- ✪ "That is 〜." は、話し手から離れたものをさして「あれ[それ]は〜です。」と言う表現です。会話では、多くの場合 "That's 〜." と、省略形で話されます。

- ✪ "That is 〜." は、物質的な「物」をさして言う場合だけでなく、前に言及されている「もの」や「こと」について、「それ[そのこと]は〜です。」という場合にも用いられます。また、「あれは〜(誰)です。」のように、少し離れた場所にいたり、話題にのぼっている「人」のことを言うのにも使われます。

語句と表現

☞【例文 ⑤】"That's all right [okay]." は「謝罪」に対して、「いいんですよ。」と返事するのに使われます。

☞【例文 ⑥】"That's too bad." は、相手の不幸な出来事(軽い内容から、身内の死などの重大な事件まで幅広く)に対して、「それは残念です。」「お気の毒に。」と同情するときに使います。場合によっては、皮肉で「おあいにくさま。」というように使われることもあります。他に同情を表す表現には、"I'm sorry to hear that." "It's a pity [shame]." "What a pity [shame]!" などがあります。

☞【例文 ⑨】"That's it." は話の流れによって「そう、それです。」("that" は直前に相手が言ったこと、"it" は以前から問題にしていたことなど。)や、「それで全部[おしまい]です。」(= That's all.)など、異なる意味で使われます。後者の意味では、「もういい加減(でおしまい)にしなさい。」という、いらだちの気持ちを含むこともあります。

Pattern 30

Is that ～ ?
「あれ[それ]は～ですか？」

基本例文 ## Is that your car?
「あれはあなたの車ですか？」

① **Is that** your umbrella?
あれはあなたの傘ですか？

② **Is that** your coat?
あれはあなたのコートですか？

③ **Is that** so?
そうですか？

④ **Is that** right?
それは正しいですか？／そうですか？

⑤ **Is that** true?
それは本当ですか？

⑥ **Is that** correct?
それはあっていますか？

⑦ **Is that** all right?
それでいいですか？

⑧ **Is that** all?
それで全部ですか？／たったそれだけ？

⑨ **Is that** clear?
分かりましたか？／はっきりしましたか？

⑩ **Is that** Mary?
メアリーですか？〈電話で〉

Pattern 30

(ポイント)

- ✪ "Is that ~?" は、話し手から離れたものをさして「あれ[それ]は~ですか？」とたずねる表現です。

- ✪ "Is that ~?" は、物質的な「物」だけでなく、前に言及されている「もの」や「こと」をさして、「それ[そのこと]は~ですか？」とたずねる場合にも用いられます。

- ✪ "Is that ~?" は、電話で、自分が話している相手が誰かを確かめるときにも使われます。"that" を使うのは主に《英》での用法で、《米》では "this" が使われます。(→パターン28)

    Who **is that** [this], please?「どちら様でしょうか？」

    また、"that" は「そこにいる人」という意味で用いられることもあります。

    Who **is that**?「そこにいるのは誰ですか？」
    It's me.「私です。」

(語句と表現)

☞【例文 ③④】 "**Is that so?**" は、よくあいづちに近い軽い意味で「そうですか？」「そうなの？」と言うのに使われる表現ですが「(本当に)そうですか？」と念を押す意味で使われる場合もあります。"**Is that right?**" もこれと同様の意味合いで使われることがあります。

☞【例文 ⑧】 "**Is that all?**" は「それで全部ですか？」の意味から、「たったそれだけ？」という気持ちを含むことがあります。

☞【例文 ⑨】 "**Is that clear?**" は、相手に自分の言ったことなどが「分かりましたか？」「はっきりしましたか？」と確認するのに使われる表現です。

Pattern 31

That + 動詞.
「それは〜だ。」「それは〜する。」

基本例文 **That** depends.
「時と場合によります。」「状況次第です。」

① **That** reminds me.
それで思い出しました。

② **That** explains [solves] it.
それで分かりました。／そう（いうこと）だったのか。

③ **That** makes sense.
それはもっともですね。／道理にかないます。

④ **That** does it!
とうとう出来た！／もうたくさんだ！

⑤ **That** will do.
それで結構［充分］です。

⑥ **That** won't do.
それではダメです。

⑦ **That** sounds great [good / nice].
それはいいですね。

⑧ **That** sounds strange.
それは奇妙ですね。

⑨ **That** sounds like a good idea.
それはよさそうですね。

⑩ **That** sounds like a lot of fun.
それはすごくおもしろそうですね。

Pattern 31

(ポイント)

○ "that" は話し手から離れたものをさして、「あれ」「それ」と言うのに使います。また、"that" は、物質的な「物」だけでなく、前に言及されているなどして、話し手と聞き手がすでに知っている「もの」や「ことがら」をさして、「それ」「そのこと」と言う場合にも用いられ、よく文の「主語」として使われます。

(語句と表現)

☞【例文 ①】動詞 "remind" は「(～に)思い出させる」「(～に)気づかせる」などの意味で、"**That reminds me.**"（直訳：それは私に思い出させる。）は、相手の言ったことなどで、自分が何かを思い出したときに使う表現です。

☞【例文 ②】"**That explains [solves] it.**" は、相手の説明などによって、それまでの疑問点などが「解決した。」、理由などが「分かった。」というときに使う表現です。

☞【例文 ③】"make sense" は、話や文が「意味をなす」「つじつまが合う」、ものごとが「道理にかなう」といった意味で、"**That makes sense.**" は、それは「納得できることだ。」「道理にかなう。」「もっともだ。」などの意味になります。反対に "**That makes no sense.**" "**That doesn't make sense.**" と言うと、それは「道理に合わない。」「意味をなさない。」の意味になります。

☞【例文 ④】"**That does it!**" は、ずっとやってきた仕事などが完了したときに「とうとう出来た！」「これで終わりだ！」という「喜び」の気持ちを表すとき、また反対に、さんざん

我慢してきたことを「もうたくさんだ！」「これ以上我慢できない！」「それはひどすぎる！」という「怒り」の気持ちを表すときにも使われる表現です。

☞【例文 ⑤⑥】動詞の"do"は、よく"will"をともなって「よろしい」「結構である」といった意味で使われます。"**That will do.**"は「それで結構だ。」（= That's good enough.）の意味で、さらにそこから進んで「そこまでだ。」「もうよせ。」といった意味でも使われます。反対に"**That won't do.**"は「それではダメだ。」の意味になります。

☞【例文 ⑦⑧⑨⑩】動詞"sound"の基本的な意味は「～のように聞こえる」ですが、そこから「～のように思われる」の意味で、"sound ＋形容詞／名詞""sound like ＋名詞"の形で使われます（"sound like"の後には「形容詞」は入らない）。"**That sounds**(**like**)～."「それは～のように思われる。」「それは～そうだ。」は"That"を省略した"**Sounds**(**like**)～."の形でも使われます。

　　How about going for a drive?「ドライブはどうですか？」
　　　(**That**) **Sounds** great.（sound ＋形容詞）
　　　「それはいいねえ。」
　　　(**That**) **Sounds** a good idea.（sound ＋名詞）
　　　「それはよさそうだ。」
　　　(**That**) **Sounds like** a great idea.（sound like ＋名詞）
　　　「それはすごくよさそうだ。」

Pattern 32

It is ～.
「(それは)～です。」

基本例文 **It's** a joke.
「冗談です。」

① **It's** all right with me.
私はかまいません。

② **It is** no problem.
問題ありません。／大丈夫です。

③ **It's** up to you.
あなた次第です。

④ **It's** on me.
私のおごりです。

⑤ **It's** your turn.
あなたの番です。

⑥ **It's** my fault.
私のせい［責任］です。／私が悪かったのです。

⑦ **It's** a waste of time.
時間の無駄です。

⑧ **It's** all or nothing.
いちかばちかだ。

⑨ **It's** an emergency!
緊急事態だ！

⑩ **It's** right over there.
それはあちらにあります。

> ポイント

- ✪ "**It is ~.**" の形は、基本的には「(それは) ~です。」という意味ですが、"it" のさす内容によっていろいろな意味を表します。"it" は日本語には訳されない場合が多くあります。

- ✪ "it" はすでに述べられた内容を受けたり、心中にあるか、または問題になっている「もの」「ことがら」などを表すのに使われます。また、下のように漠然と「天候」(→パターン33)「時間」(→パターン34)「距離」「明暗」「状況」などを表す用法 (非人称用法の it) もあります。

    - 天候： **It** is fine today.「今日は天気がいい。」
    - 時間： **It** is one o'clock.「1時です。」
    - 距離： **It** is two kilometers from here.「ここから2kmです。」
    - 明暗： **It** is dark.「暗い。」
    - 状況： **It** is quite the same with her.「彼女の場合もまったく同じだ。」
      It's all over with him.「彼はもうだめ(万事休す)だ。」
      How is **it** going with you?「いかがお過ごしですか？」
      ↑これらの "it" は文の形式を整えるために用いられており、日本語には訳さない。

- ✪ 会話では、ほとんどの場合 "**It's ~.**" のように、省略形で話されます。

> 語句と表現

☞【例文 ②】"**no problem**" は「問題ない」「大丈夫だ」「OKだ」などの意味で、"**No problem.**" だけの形でも、何かを頼まれたときの返事として「いいですとも。」「お安いご用です。」、また、お礼を言われたときの返事として「どういたしまして。」などの意味で非常によく使われる表現です。

Pattern 32

☞【例文 ③】"**be** up to 〜"には、いくつかの意味がありますが、この表現の「〜次第で」や「〜の責任で」「〜の義務で」などはその一例です。「あなた次第です。」の意味を表す表現には"It's up to you."以外にも、"**It depends on you.**"という言い方もあります。また、"**It's up to (you)**"の後を、下の例のように続ける形もあります。

    It's up to you to decide.「決定はあなた次第です。」
    It's up to you to tell him.「彼に話すのはあなたの役目だ。」
    It's up to her whether to go or not.
                    「行くか行かないかは彼女次第です。」

☞【例文 ④】口語では"**on 〜**"で「〜が支払う」「〜のおごりで」の意味を表します。"**on the house**"と言うと「酒場 [会社／主催者など]の負担(おごり)で」→「ただで」の意味になります。また、"**It's on me.**"と同様の表現には"**I'll treat you.**"「おごってあげよう。」という言い方もあります。

    The drinks are **on** me.「酒代は私のおごりです。」
    It's **on** the house.「これは店のおごり(=ただ)です。」

☞【例文 ⑥】"**It's my fault.**"と同様の意味で、"**I'm to blame (for it).**"という言い方もあります。

☞【例文 ⑧】"**all or nothing**"は「全部か無か」「いちかばちか」の意味です。

☞【例文 ⑩】"**It's 〜.**"の形は、よく道案内をするときに、「(それは) 〜にあります。」と場所を説明するのに使われます。

    It's across the street.「それは通りの向こう側にあります。」

Pattern 33

It is + 天候.
「(天候は) 〜だ。」

基本例文 **It is** fine today.
「今日はいい天気です。」

① **It is** sunny.
晴れている。

② **It is** cloudy.
曇っている。

③ **It is** raining.
雨が降っている。

④ **It is** snowing.
雪が降っている。

⑤ **It is** windy.
風が吹いている。

⑥ **It is** warm. / **It is** cool.
暖かい。/ 涼しい。

⑦ **It is** hot. / **It is** cold.
暑い。/ 寒い。

⑧ **It is** humid [muggy].
むし暑い。

⑨ **It is** freezing.
(凍えるように) とても寒い。

⑩ **It is** stormy.
天気が荒れている。

Pattern 33

ポイント

✪「天気」や「温度」など、「天候」を表す文では、普通 "it"(非人称用法の it →パターン32)を主語として、"**It is** ＋天候を表す言葉." の形で「(天候は)〜だ。」の意味を表します。

発 展

✪天候に関する質問と応答例

- (質問) How is the weather?「天気はどうですか？」
  (応答) It's a beautiful day today.「今日はすばらしい天気です。」
  It began to snow.「雪が降り始めました。」
  It has stopped raining.「雨はやみました。」
  It will clear up soon.「間もなく晴れるでしょう。」
  It's raining cats and dogs.「どしゃぶりです。」
  ↑"cats and dogs"は「どしゃぶり」に使われる決まり文句。

  It's nice and warm this morning.
  「今朝は暖かくて気持ちがいい。」
  ↑"nice and 〜"は「気持ちよく〜」「具合よく〜」「申し分なく〜」の意味。

- (質問) What is the weather report?「天気予報はどうですか？」
  (応答) It will be fair.「晴れになるでしょう。」
  Fair, later cloudy.「晴れのち曇り。」
  Cloudy with occasional rain.「曇りときどき雨。」
  ※天気予報は "weather forecast" または "weather report" と言う。"fair" は「晴れ」の意味で、天気予報でよく使われる単語。

- (質問) (It's a) Beautiful day, isn't it?「いい天気ですね。」
  (応答) Yes, it (certainly) is.「ええ、(本当に)そうですね。」

Pattern 34

It is +日時.
「(日時は)〜です。」

基本例文 **It's** ten o'clock in the morning.
「午前 10 時です。」

① **It's** nine a.m.
午前 9 時です。

② **It's** six fifteen p.m.
午後 6 時 15 分です。

③ **It's** half past four.
4 時半です。

④ **It's** five (minutes) past [after] one in the afternoon.
午後 1 時 5 分過ぎです。

⑤ **It's** (a) quarter to [before] eleven.
11 時 15 分前 (10 時 45 分) です。

⑥ **It's** February (the) first today.
今日は 2 月 1 日です。

⑦ **It's** the twentieth of November.
11 月 20 日です。

⑧ **It's** Wednesday.
水曜日です。

⑨ **It is** [**has been**] three years since I came here.
私がここへ来て 3 年になります。

⑩ **It's** time to get up.
起きる時間です。

Pattern 34

> ポイント

⭐「時刻」「日付」「曜日」など、「日時」を表す文では、普通、"it"（非人称用法の it →パターン 32）を主語として、"**It is** ＋日時を表す言葉."の形で「(日時は) ～です。」の意味を表します。会話では、たいてい "**It's** ～." と省略して話されます。

> 発　展

⭐「時刻」の言い方

　1:00 － one, one o'clock

　2:05 － five (minutes) past [after] two, two-oh-five, two five

　3:15 － (a) quarter past [after] three, three fifteen

　4:30 － half past four, four thirty

　5:45 － (a) quarter to [before] six, five forty-five

　6:55 － five (minutes) to [before] seven, six fifty-five

　※英語では時刻を言うとき、1 ～ 30 分は "～ past [after] …"「…時～分過ぎ」、31 ～ 59 分は "～ to [before] …"「…時～分前」のような言い方をする。なお、「30 分」には "half"（半分）、「15 分」には "(a) quarter"（4 分の 1）を使う。また、「午前」は "in the morning" "a.m."、「午後」は "in the afternoon" "p.m."、「正午」は "twelve (o'clock) noon"、「深夜 12 時」は "twelve (o'clock) midnight" と言う。

⭐「日付」の言い方

- 日付は「月＋(the)＋日」または「the ＋日＋ of ＋月」（特に《英》）のように言います。

　　例：5 月 24 日　May (the) twenty - fourth

　　　　　　　　　the twenty - fourth of May
　　※書くときは《米》May 24《英》24 May になる。

- 「日にち」は「序数」（基本は「基数」に -th をつけた形）で言います。

　　※間違えやすい序数：first「1 日」、second「2 日」、third「3 日」、fifth

「5日」、eighth「8日」、ninth「9日」、twelfth「12日」、twentieth「20日」、thirtieth「30日」、thirty-first「31日」

✪「月」の言い方

January「1月」、February「2月」、March「3月」、April「4月」、May「5月」、June「6月」、July「7月」、August「8月」、September「9月」、October「10月」、November「11月」、December「12月」

※月は文中でも常に最初を大文字にして表記する。

✪「曜日」の言い方

Sunday「日曜日」、Monday「月曜日」、Tuesday「火曜日」、Wednesday「水曜日」、Thursday「木曜日」、Friday「金曜日」、Saturday「土曜日」

※曜日は文中でも常に最初を大文字にして表記する。

✪「時刻」「日付」「曜日」のたずね方

- 時　刻：「(今)何時ですか？」

  What time is it (now)?

  What's the time?

  Do you have the time?

  What time do you have?

  May I ask the time?

  Could you tell me the time?

- 日　付：「(今日は)何日ですか？」

  What's today's date?

  What's the date (today)?

  What date is it today?

  What day of the month is it today?

- 曜　日：「(今日は)何曜日ですか？」

  What day (of the week) is it today?

Pattern 34

What day is (it) today?
What's today?

語句と表現

☞【例文 ⑨】 "**It is [has been]** 〜 **since** ...." 「…してから〜たつ。」の表現では、特に口語で、述語動詞に「完了形」(has been)を使うことがあります。例文は "Three years have passed since I came here." と書き換えられます。完了形を使った、時間に関する慣用表現に、以下のものがあります。

　　It**'s been** a long time (since I last saw you).
　　「お久しぶりです。」
　　It**'s been** a long day.
　　「今日は忙しかった。」(←長い１日だった。)

☞【例文 ⑩】 "**It is time to** ＋動詞の原形." で、「〜する時間だ。」の意味を表します。また、"**It is (high) time** ＋ S ＋動詞の過去形." のように言うと「もう（とっくに）Sが〜する時間だ。」となります。これは、"It is time" に続く「形容詞節」に「仮定法過去」を使うことにより、「〜すべき時間を過ぎているのに、まだしていない」という気持ちを表しています。

　　It**'s time** we were leaving.
　　「もう、おいとまする時間です。」
　　It **is** (**high**) **time** you went to bed.
　　「もう（とっくに）あなたは寝る時間です。」

Pattern 35

It +動詞.
「(それは) 〜 する。」「(それは) 〜 だ。」

基本例文 **It** hurts.
「痛みます。」

① **It** smells good [nice].
いい匂いがします。

② **It** smells like roses.
バラのようなにおいがする。

③ **It** tastes good.
おいしい。

④ **It** tastes a little sour.
少しすっぱい味がする。

⑤ **It** looks nice on you.
あなたに似合っています。

⑥ **It** looks [feels] like rain.
雨になりそうです。

⑦ **It** feels soft.
手触りが柔らかい。

⑧ **It** beats me.
それには参った。／私には分かりません。

⑨ **It** doesn't matter.
大したことではない。／どうでもよい。

⑩ **It** can't be helped.
それはどうしようもない。／仕方がない。／やむを得ない。

Pattern 35

ポイント

✪ "it" は話題になっているもの、すでに聞き手と話し手が了解しているものなどをさして、「それ」と言うときに使い、よく文の「主語」になります。また、「天候」「時間」「距離」「明暗」「状況」など漠然としたものを表す場合（非人称用法の it →パターン32）もあります。

✪ "it" は日本語には訳されない場合が多くあります。

語句と表現

☞【基本例文】"**It hurts.**" は「痛みます。」の意味で、痛む場所を指し示して言うときは、"**It hurts here.**"「ここが痛みます。」のように言います。また、痛む場所をたずねるときは、"**Where does it hurt?**"「どこが痛みますか？」を使います。

☞【例文 ②⑥】"**smell like ～**" は「～のようなにおいがする」の意味です。"**look like ～**" は「～のように見える」の他に、「～に似ている」や「～（になり）そうだ」の意味でも使われます。また "**feel like ～**" も「～のような感じ[手触り]がする」の他に、「どうやら～らしい」（≒ look like ～）の意味でも使われます。

You **look** just **like** your brother.
「あなたはお兄[弟]さんにそっくりだ。」
It **looks like** fun.「おもしろそうだ。」
He **looks like** a winner. = He **looks like** winning.
「彼は勝ちそうだ。」
This **feels like** silk.「これは絹のような手触りがする。」

☞【例文 ⑧】動詞 "beat" は「(〜を) 打つ」「(〜を) 負かす」などの意味から、人を「閉口させる」「参らせる」などの意味でも使われます。"**It beats me.**" は口語で、「それには参った。」、また、「分かりません。」「さあね。」（= "I have no idea." "I don't know."）といった意味の表現になります。主語が省略され "**Beats me.**" の形で使われることもあります。

　　Where has she gone?「彼女はどこへ行ったのですか？」

　　(It) Beats me.「分かりません。」

☞【例文 ⑨】"matter" は名詞では「事柄」「内容」などの意味ですが、動詞では「重要である」「問題となる」の意味になり、"**It doesn't matter.**" の形は「重要ではない。」→「どうでもよい。」となります。

　　It doesn't matter to me whether he comes or not.

　　「彼が来ようが来まいが、私にとってはどうでもよいことだ。」

☞【例文 ⑩】動詞 "help" には「助ける」「手伝う」などの意味の他に、"can" とともに用いて「(〜を)避ける」（=avoid）の意味があります。"**It can't be helped.**" は、受身の否定形で、それは「避けられない。」→「どうしようもない。」の意味になります。"I" を主語にした能動態 "**I can't help it.**" でも同様の意味になります。下の例のように "it" のかわりに "〜ing"（動名詞）を使うと「〜することは避けられない」→「〜せずにはいられない」の意味になります。

　　I couldn't help laugh**ing**.

　　「私は笑わずにはいられなかった。」

　　= **I couldn't (help) but** laugh.

　　　↑ "cannot (help) but +動詞の原形" の形。

Pattern 36

It takes + 時間・労力.
「〜かかります。」「〜を要します。」

基本例文 **It takes** three hours.
「3 時間かかります。」

① **It takes** about fifteen minutes.
約 15 分かかります。

② **It takes** only five minutes.
ほんの 5 分しかかかりません。

③ **It takes** at least one hour.
少なくとも 1 時間はかかります。

④ **It takes** two hours to finish the job.
その仕事を終わらせるのには 2 時間かかります。

⑤ **It took** me over three hours to do that job.
私がその仕事をするのに 3 時間以上かかりました。

⑥ **It takes** only three minutes to get to the station on foot.
駅までは歩いてたった 3 分です。

⑦ **It takes** ten minutes for me to walk there.
私がそこへ歩いて行くのには 10 分かかります。

⑧ **It takes** time.
(それには) 時間がかかります。

⑨ **It takes** a lot of hard work.
(それには) 熱心に働か [勉強し] なければなりません。

⑩ **It takes** two men to do this.
これをやるのには 2 人必要です。

> ポイント

- 「所要時間」や「労力」を表すには、"**It takes** +時間・労力."の形を使い、時間や労力が「～かかる。」「～を要する。」の意味を表します。
- 動作の「主体」や「内容」を表して、「A(人)が …するのに～(時間)かかる。」と言うには、"It takes"の後に以下のように続けます。

    - **It takes** + **A**(人) + 時間 + **to** + 動詞の原形.

        It takes me at least half an hour **to** walk to the station.
        「私が駅まで歩くのに、少なくとも30分はかかります。」

    - **It takes** +時間+ **for A**(人)+ **to** +動詞の原形.

        It takes a long time (**for** us) **to** master a foreign language.
        「(私たちが)外国語を習得するのには長い時間がかかる。」

- 「所要時間」のたずね方

    「所要時間」をたずねるには、"**How long does it take**（+ **A**(人)）+ **to** +動詞の原形**?**"「(Aが)…するのに、どのくらい時間がかかりますか？」の形を使います。

    How long does it take to get to the station?
    「駅まで行くのに、どのくらい時間がかかりますか？」

    How long does it take you **to** go to your office?
    「あなたが会社に通うのに、どのくらい時間がかかりますか？」

Pattern 36

(発展)

✪時間や労力などが「〜かかる。」「〜を要する。」の言い方には、主語に"it"を使った"**It takes** 〜."の形の他にも、「仕事」「用事」や「人」を主語にした次のような言い方があります。

- 主語:「仕事」「用事」

    The work **took** a week.
    「その仕事には1週間かかった。」

    The book **took** me a month to read.
    「その本を読むのに1カ月かかった。」

- 主語:「人」

    I **took** a long time to finish the job.
    「私がその仕事を終わらせるのに、たくさん時間がかかった。」

    We **took** three hours to get there.
    「私たちがそこへ行くのに3時間かかった。」

✪「所要金額」を表して、金額が「〜かかる。」と言うときは、"take"のかわりに"cost"を使い、"**It costs** +金額."の形を使います。

It **cost** (me) a lot of money to build a new house.
「(私が)新しい家を建てるのに、たくさんお金がかかった。」

※ "cost"は「原形−過去形−過去分詞」がすべて"cost"と変化しない動詞。上の例では「過去形」として使われている。

Pattern 37

It(形式主語) is ～ + ⋯ (真主語).
「⋯は～です。」

基本例文 **It is** dangerous **to** swim here.
「ここで泳ぐのは危険です。」

① **It is** difficult for me **to** solve this problem.
この問題を解決するのは私には難しいです。

② **Is it** necessary **to** change trains?
電車の乗り換えが必要ですか？

③ **Is it** possible for me **to** see him now?
彼に今、会うことはできますか？

④ **It is** very kind of you **to** help me.
手伝っていただいてご親切にありがとうございます。

⑤ **It was** nice talk**ing** with you.
あなたとお話できてよかったです。

⑥ **It is** no use cry**ing** over spilt milk.
後悔先に立たず。(こぼれた牛乳を嘆いても仕方がない。)〈ことわざ〉

⑦ **It was** unfortunate **that** it rained yesterday.
昨日は雨が降って残念でした。

⑧ **It is** not clear **where** she was born.
彼女がどこで生まれたかは不明です。

⑨ **It is** doubtful **whether** he will recover or not.
彼が回復するかどうかは疑わしい。

⑩ **Is it** all right **if** I sit here?
ここに座ってもよろしいですか？

Pattern 37

(ポイント)

○ "**It is 〜 + ….**" の形では、文頭の "it" は「形式主語(仮主語)」と呼ばれ、それ自身に意味はなく、後にでてくる事実上の主語＝「真主語」を代表して使われています。この形をとることで、文頭で主語が長くなることを避けています。「真主語」("…" の部分)には以下のようなものがなります。

- **不定詞句**：It is 〜 + <u>**to** +動詞の原形</u>.
  It is difficult <u>**to** convince her</u>.
  「彼女を説得するのは難しい。」

- **動名詞句**：It is 〜 + <u>動詞の -**ing** 形</u>.
  It is fun <u>skat**ing** on the lake</u>.
  「湖でスケートをするのは楽しい。」

- **名詞節**：It is 〜 + <u>**that**[疑問詞 / **whether** など]+ S + V</u>.
  It is a pity <u>**that** you can't come</u>.
  「あなたが来られないのは残念だ。」

(発　展)

○ "**It is 〜 for A**（人など）**+ to ….**"「Aが…するのは〜だ。」のように、「to 不定詞」の「意味上の主語」には通常 "for" を使います。ただし、"〜" の部分に「人の性質を表す形容詞」（kind / nice「親切な」、honest「正直な」、careless「不注意な」など）がくると "**It is 〜 of A**（人など）**+ to ….**" のように "of" を使い、「Aが…するとは〜だ。」という意味になります。

It is natural **for** you **to** get angry.

「あなたが怒るのは当然だ。」

It was careless **of** you **to** leave your bag in the train.

「電車の中にかばんを忘れるとはあなたは不注意でしたね。」

(語句と表現)

☞【例文 ⑩】"**Is it all right if I** …**?**" は「…してもよろしいですか？」と「許可」を求める丁寧な表現で、会話ではよく使われます。

　　Is it all right if I open the window?
　「窓を開けてもよろしいですか？」
　　　Yes, it's quite all right. 「ええ、どうぞ。」

また、"**Is it all right to** …**?**"という言い方もあります。

　　Is it all right to smoke here?
　「ここでたばこを吸ってもよろしいですか？」
　　　No, this is a nonsmoking section.
　　　「いいえ、ここは禁煙席です。」

Pattern 38

There is + 単数名詞. / **There are** + 複数名詞.
「～があります。」

Here is + 単数名詞. / **Here are** + 複数名詞.
「ここに～があります。」「～をどうぞ。」

基本例文 **There is** a book on the table.
「テーブルの上に本があります。」

① **There is** a nice restaurant near here.
この近くによいレストランがあります。

② **There is** someone at the door.
玄関に誰か来ています。

③ **There is** no need to worry about it.
そのことを心配する［悩む］必要はありません。

④ **There is** no one here by that name.
こちらにはその名前の者はおりません。〈電話などで〉

⑤ **There are** two Suzukis here.
こちらには鈴木という者は2人おります。〈電話などで〉

⑥ **There are** four in my family.
うちは4人家族です。

⑦ **Here is** some good news for you.
あなたによい知らせがあります。

⑧ **Here are** your books.
ここにあなたの本があります。

⑨ **Here is** your tea.
はい、お茶をどうぞ。

⑩ **Here is** your change.
はい、おつりです。／こちらがおつりです。

> ポイント

- ✪ "**There is ~.**" "**There are ~.**" は「~があります。」の意味です。この "there" には、通常「そこに」「あそこに」の意味はなく、すぐ後に「述語動詞（is / are）」を導き、さらにその後にくる「意味上の主語」の準備をする役目として用いられています。（この用法は「予備の there」と呼ばれる。）「意味上の主語」は "~" の部分で<u>不特定の</u>「人」や「もの」が入ります。

  There is a park there. ←不特定の「公園」
  「そこに公園があります。」
  > ↑前の "there" が「予備の there」、後の "there" が「そこに」の意味の「場所を表す副詞」。

  The park is there. ←特定の「公園」
  「その公園はそこにあります。」
  > ↑ "there" は「場所を表す副詞」。"There is ~." の形は<u>「特定の人やもの」</u>には使わない。

- ✪ "**Here is ~.**" "**Here are ~.**" は「ここに~があります。」の意味です。文頭の "here" は「ほら、ここに」のように、相手の注意をひくために用いられます。また、「はい、~をどうぞ。」と、人に何かを差し出すときにも使われます。（→パターン40）

- ✪ 数えられる名詞（可算名詞）の単数、または数えられない名詞（不可算名詞）の場合は "There <u>is</u> ~." "Here <u>is</u> ~." を使い、数えられる名詞（可算名詞）の複数の場合は "There <u>are</u> ~." "Here <u>are</u> ~." を使います。

Pattern 38

(語句と表現)

☞【例文 ②】名詞"**door**"には「ドア(扉)」のほかに、「戸口」「出入り口」「玄関」の意味があります。"**answer the door**"は「(訪問者の応対に)玄関に出る」、"**show [see] A(人) to the door**"は「Aを戸口まで見送る」、また、"**show A(人) the door**"は「(ドアを指さして)Aに出て行ってくれと言う(追い返す)」の意味になります。

☞【例文 ③】"**There is no need to** +動詞の原形."は「～する必要はない。」の意味です。"**S + don't need [have] to** +動詞の原形."(→パターン13・21)の形に書き換えることができます。

There is no need to rush.
= **You don't need to** rush.「あわてる必要はないよ。」

☞【例文 ⑩】名詞"**change**"には「変化」「取り換え」などの他に、「つり銭」「(両替した)小銭」の意味があります。

Keep the change.
「つりはとっておいてください。」
I have no (small) change with me.
「小銭の持ちあわせがありません。」

Pattern 39

Is there +単数名詞**?**
Are there +複数名詞**?**

「～は [が] ありますか？」

基本例文 **Is there** a station near here?
「この近くに駅はありますか？」

① **Is there** a book on the table?
テーブルの上に本がありますか？

② **Is there** a bus stop nearby?
近くにバス停はありますか？

③ **Is there** a bus to the airport?
空港へ行くバスはありますか？

④ **Is there** a room available for tonight?
今晩空いている部屋はありますか？〈ホテルのフロントで〉

⑤ **Is there** anything I can do for you?
あなたのために私ができることが何かありますか？

⑥ **Is there** any way I can get a ticket?
切符を手に入れる方法はありますか？

⑦ **Is there** any other way to go there?
他にそこへ行く方法［道］はありますか？

⑧ **Are there** any nice restaurants around here?
この辺りによいレストランはいくつかありますか？

⑨ **Are there** any messages for me?
私あてのメッセージがありますか？

⑩ **Are there** any extra charges?
追加料金はかかりますか？

Pattern 39

ポイント

✪ "**Is there ~?**" "**Are there ~?**" は "There is [are] ~." (→パターン38) の疑問形で、「~は[が]ありますか？」とたずねるときの表現です。よく「場所」を示す語句とともに用いられます。

✪ たずねるものが数えられる名詞（可算名詞）の単数、または数えられない名詞（不可算名詞）の場合は "Is there ~?"、数えられる名詞（可算名詞）の複数のときは "Are there ~?" を使います。

✪ "Is there ~?" "Are there ~?" に対する基本的な答え方
- 肯定： Yes, there is [are].「はい、あります。」
- 否定： No, there isn't [aren't].「いいえ、ありません。」

発 展

✪ "**Is there ~ near here?**"「近くに~は[が]ありますか？」は、近くに目的のものや場所が「あるかどうか」をたずねる表現ですが、相手はそこへ行く「行き方（道）」をたずねているとも考えられます。「近くに」は "near here" の他に、"**nearby**" "**around here**"（この辺りに）などが使われます。道をたずねる表現には、他にも以下のものがあります。

Where is the nearest station?
「一番近い駅はどこですか？」

How can I get to the airport?
「空港にはどう行けばよいのですか？」

Can [Could] you tell me the way to the bank?
「銀行までの行き方を教えていただけませんか？」

これらに対して、その地域のことをよく知らず、「道を教えることができない」と言う場合には、"**I'm sorry. I'm a stranger around here.**"「すみません。この辺りはよく知らないのです。」、"**I don't know this area well.**"「この辺りはよく知りません。」などと答えます。

語句と表現

☞【例文 ⑥⑦】"**Is there any way ～?**"「～する方法がありますか？」は、「方法」や「手段」があるかをたずねる表現です。"way" の後には、「S + V」（例文⑥）や「to ＋動詞の原形」（例文⑦）が続きます。

Pattern 40　　　　　　　　TRACK 40

Here +代名詞＋動詞［動詞＋名詞］.
There +代名詞＋動詞［動詞＋名詞］.
「ほら［はい／さあ］、～です［だ］。」

基本例文　**Here** it is.
「はい、どうぞ。」「ほら、ここにあります。」

① **Here** I am.
さあ、着いた。／ただいま（帰りました）。

② **Here** we are.
さあ、着いた。／（私たちが求めていたものが）ここにあった。

③ **Here** we go.
さあ、始めるぞ。／さあ、行くぞ。

④ **Here** you are.
はい、どうぞ。／ほら、ここにあります。／あっ、ここにいた。〈かくれんぼで〉

⑤ **There** you are.
はい、どうぞ。／ほら、そこにあります。／それ、ごらん（だから言ったじゃないか）。

⑥ **There** it is.
ほら、そこにあります。／（残念ながら）そんな次第だ。

⑦ **There** it goes.
そら、いくよ。

⑧ **Here** he comes. / **There** he comes.
ほら、（こちらに）彼がやって来た。／ほら、（あちらに）彼がやって来るよ。

⑨ **Here** comes the bus.
ほら、バスが来ましたよ。

⑩ **There** goes our train.
ほら、電車が出てしまいます。

ポイント

- ✪ "**Here** +代名詞+動詞[動詞+名詞]." や "**There** +代名詞+動詞[動詞+名詞]." の形で、「ほら、～です。」「はい、～です。」「さあ、～です。」といった意味になります。この "here" や "there" は「ほら」「はい」「さあ」のように、相手の注意をひくために使われている語で、「ここに」「そこに」と訳さない場合が多くあります。

- ✪ "Here" "There" 以下は、主語（S）が「代名詞」のときは「S + V」の語順ですが、主語（S）が「名詞」になると主語と動詞が倒置され「V + S」の語順になります。

   Here　he　comes.「ほら、彼がやって来た。」
   　　　S(代名詞)+V

   Here　comes　John.「ほら、ジョンがやって来た。」
   　　　V　+　S(名詞)

発　展

- ✪ 人に物を手渡すときの表現

  「はい、どうぞ。」と人に物を手渡すときには、"Here it is."（渡す「物」に重点）や、"Here you are." "Here you go."（渡す「相手」に重点）また、2つ以上の物を渡すときには "Here they are." などの表現が使われます。

語句と表現

☞【例文 ①】"**Here I am.**" は目的地に到達し「さあ、着いた。」と言うとき、また、家に帰って「ただいま(帰りました)。」と言うときに使う表現です。

Part 3
助動詞を使った表現

Pattern 41

I will + 動詞の原形.
「〜します。」「〜するつもりです。」

基本例文   **I will** think about it.
「それについて少し考えます。」

① **I will** do my best.
最善をつくします。

② **I will** have another cup of coffee.
コーヒーをもう1杯ください。

③ **I will** have this.
これにします。〈レストランでメニューなどをさして〉

④ **I will** take this.
これをください。〈店で欲しい商品をさして〉

⑤ **I will** get back to you.
後で連絡します。／後で返事［報告］をします。

⑥ **I will** get in touch with you.
あなたに連絡します。

⑦ **I will** call you back later.
後でかけなおします。〈電話で〉

⑧ **I will** be back soon.
すぐに戻ります。

⑨ **I will** be at the station by one o'clock.
私は1時までには駅に行っています。

⑩ **I will** not be busy tomorrow.
私は明日は忙しくありません。

Pattern 41

ポイント

○ "**I will ～.**" は「(私は)～します。」「(私は)～するつもりです。」の意味で、自分の「未来」の行動などについて述べる表現です。

○ "will" は未来を表す助動詞で、次の2つの用法があります。

- **単純未来**：「～だろう」
  ※主語や話し手の意志を含まない単なる未来（自然のなりゆき）を表す。

- **意志未来**：「～するつもりだ」「～しよう」
  ※主語や話し手の意志を表す。

○ 会話ではたいてい、"**I'll ～.**" と短縮して話されます("I'll" は、同じ「未来」を表す助動詞 "shall" を使った "I shall" の短縮形の場合もあります)。

○ 否定形は "**I will not** +動詞の原形." で「～しません。」「～するつもりはありません。」となり、短縮形は "**I won't** +動詞の原形." です。

I won't go there.「私はそこへは行きません。」

語句と表現

☞【例文 ③④】"**I will have this.**" は、レストランなどで、メニューの欲しい「飲食物」をさして「これにします(これを食べます／飲みます)。」と言うとき、"**I will take this.**" は、店などで欲しい「品物」をさして「これをください(これを買います)。」と言うときの表現です。飲食物にも "have" ではなく "take" が使われることもありますが、"have" の方が一般的です。ただし、「薬を飲む」の場合は常に "take" を使います。

- レストランでの注文時の表現

What would you have?「何になさいますか？」

May I take your order?「ご注文は？」
I will have a steak. / A steak, please.
「ステーキをください。」
I will have the same. / Same for me, please.
「私にも同じものをください。」

☞【例文 ⑤】"**I will get back to you.**"は、電話や手紙などで、考えたり調べたりして「後で連絡します。」「後で返事[報告]します。」と言うときに使う表現です。

I will get back to you as soon as I can.
「できるだけ早く連絡します。」

☞【例文 ⑥】"**in touch with 〜**"は「〜と接触を保って」「〜と連絡がとれて」の意味で、下のような形で使われます。

　　　　　be **in touch with** 〜「〜と接触[連絡]している」
　　　　　get in touch with 〜「〜と連絡をとる」
　　　　　keep in touch with 〜「〜と接触[連絡]を続ける」
　　　　　be **out of touch with** 〜「〜と接触[連絡]していない」
　　　　　lose touch with 〜「〜との接触[連絡]が切れる」

☞【例文 ⑧⑨⑩】"**I will be 〜.**"は、これからの自分の予定などを伝えるときに使われます。「〜(時)には…(場所)へ行っています。」と言うときは、"**I will be** +…(場所)+〜(時間)."の形を使います。

I will be in New York at this time tomorrow.
「私は明日の今頃はニューヨークに着いているだろう。」
I will be there at five o'clock.
「私は 5 時にはそこにいます。」

Pattern 42

Will you + 動詞の原形?

「(あなたは)〜しますか?」「〜するつもりですか?」
「〜してくれませんか?」 「〜しませんか?」

基本例文 **Will you** go there tomorrow?
「あなたは明日そこへ行きますか?」

① **Will you** be free next Sunday?
今度の日曜日はおひまですか?

② **Will you** need the money tomorrow?
そのお金は明日いるのですか?

③ **Will you** attend the meeting?
あなたはその会議に出席するつもりですか?

④ **Will you** go by train?
あなたは電車で行くつもりですか?

⑤ **Will you** lend me this book?
この本を貸してくれませんか?

⑥ **Will you** tell me the way to the station?
駅への道を教えてくれませんか?

⑦ **Will you** please shut the door?
ドアを閉めていただけませんか?

⑧ **Will you** pass me the salt, please?
塩をとっていただけませんか?

⑨ **Will you** come with me?
私と一緒に来ませんか?

⑩ **Will you** have another cup of coffee?
コーヒーをもう1杯いかがですか?

> ポイント

★ "**Will you 〜 ?**" は相手の未来の行動などについてたずねる文ですが、次の4つの用法があります。

① **単純未来**:「(あなたは)〜しますか？」「〜ですか？」
- 単に相手の未来の「予定」などをたずねる。

  Will you be busy tomorrow?
  「明日はお忙しいですか？」
  　Yes, I will.「はい。(忙しいです。)」
  　No, I will not.「いいえ。(忙しくありません。)」

② **意志未来**:「〜するつもりですか？」
- 相手の「意志」をたずねる。

  Will you go by car?「あなたは車で行くつもりですか？」
  　Yes, I will.「はい。(車で行きます。)」
  　No, I will go by train.「いいえ、電車で行きます。」

③ **依頼**:「〜してくれますか？」「〜してくれませんか？」
- 相手に何かしてくれるように「依頼」する。

  Will you please open the window?
  「窓を開けていただけますか？」
  　All right.「いいですよ。」
  　No, I'm sorry I can't.「いいえ。すみませんが、できません。」

④ **勧誘**:「〜しませんか？」
- 相手に何かすることを「勧誘」する。
  ※否定の疑問文 "Won't you 〜?"(→パターン43)の形も同様の意味で使われる。

Will you have some more tea?
「お茶をもう少しいかがですか？」
 Yes, please.「はい、お願いします。」
 No, thank you.「いいえ、結構です。」

(語句と表現)

☞【例文 ④】"by ～" の形で「交通手段」を表すときは、"by" の後に続く名詞には「冠詞」をつけません。

by car「車で」　　　　　by bicycle「自転車で」
by bus「バスで」　　　　by taxi「タクシーで」
by train「電車で」　　　by plane「飛行機で」
by subway《米》/ by underground《英》「地下鉄で」

※「歩いて(徒歩で)行く」は "**go on foot**" を使いますが、これは形式ばった言い方で、口語では "**walk** (to ～)" を使う方が普通です。

Pattern 43

Won't you + 動詞の原形?
「〜しませんか?」「〜したら?」

基本例文 **Won't you** come with me?
「私と一緒に来ませんか?」

① **Won't you** join us?
一緒にどうですか?

② **Won't you** come in?
お入りになりませんか?／入ったら?

③ **Won't you** sit down, please?
どうぞおかけください。／座ったら?

④ **Won't you** come with us this evening?
今晩私たちと一緒に来ませんか?

⑤ **Won't you** go to the movies tonight?
今夜映画を見に行きませんか?

⑥ **Won't you** go shopping with me?
一緒に買い物に行きませんか?

⑦ **Won't you** go on a hike with us?
私たちと一緒にハイキングに行きませんか?

⑧ **Won't you** play tennis with me?
私とテニスをしませんか?

⑨ **Won't you** have some cake?
ケーキをいかがですか?

⑩ **Won't you** have some more tea?
お茶をもう少しいかがですか?

Pattern 43

ポイント

- ❂ "won't" は "will not" の短縮形で、"**Won't you** ～?" は「～しませんか？」「～したら？」のように、相手に何かすることを気軽に「勧誘」「提案」する表現です。

- ❂ 肯定形の疑問文 "**Will you** ～?"(→パターン 42) も「勧誘」の意味で使われますが、否定疑問の "Won't you ～?" を使う方がやわらかい感じになります。答え方は、肯定形の場合と同様です。
（否定疑問への答え方 →パターン 8）

  Won't [Will] you have some coffee?
 「コーヒーをいかがですか？」
   Yes, please. 「はい、お願いします。」
   No, thank you. 「いいえ、結構です。」

語句と表現

☞【例文 ⑥】"**go ＋動詞の-ing 形**" で「～(をし)に行く」の意味を表します。この "～ing" の部分に入る動詞は、下に示すような「スポーツ」や「行楽」など、体の移動をともなう「娯楽的な行為」に限られます。

go swimming	「泳ぎに行く」
go skiing	「スキーに行く」
go fishing	「釣りに行く」
go hunting	「狩りに行く」
go hiking	「ハイキングに行く」
go camping	「キャンプに行く」
go walking	「散歩に行く」
go shopping	「買い物に行く」

go sightseeing 「観光に行く」
go dancing 「ダンスに行く」

☞【例文 ⑨⑩】"**Won't you have** +名詞?" や "**Will you have** +名詞?" は、「〜をいかがですか?」と人に食べ物や飲み物をすすめるときに使われます。"**Would you like** +名詞?"（→パターン53）や "**How about** +名詞?"（→パターン85）も同様の意味で使われます。

Won't you have another cup of tea?
「お茶をもう1杯いかがですか?」
Will you have another piece of pie?
「パイをもう1切れいかがですか?」
Would you like some more green tea?
「緑茶をもう少しいかがですか?」
How about some more beer?
「ビールをもう少しどうですか?」

※返答は、いずれの場合も "**Yes, please.**"「はい、お願いします。」、"**No, thank you. I have had enough.**"「いいえ、結構です。もう充分いただきました」など。

Pattern 44

Would you + 動詞の原形?
「~してくださいませんか?」

基本例文 ## Would you give me a hand?
「手伝ってくださいませんか?」

① **Would you** drive me to the station?
駅まで車で送ってくださいませんか?

② **Would you** mail this letter for me?
(私の代わりに) この手紙を出してくださいませんか?

③ **Would you** take a picture for us?
私たちの写真を撮ってくださいませんか?

④ **Would you** please pass me the salt?
塩をとってくださいませんか?

⑤ **Would you** give me another cup of coffee, please?
コーヒーをもう一杯くださいませんか?

⑥ **Would you** give me a few minutes?
少しお時間をくださいませんか?

⑦ **Would you** give me a discount?
値引きしてくださいませんか?

⑧ **Would you** do me a favor?
お願いがあるのですが。(頼みごとをしてもいいですか?)

⑨ **Would you** please be quiet?
静かにしてくださいませんか?

⑩ **Would you** be kind enough to give me your phone number?
あなたの電話番号を教えていただけませんでしょうか?

ポイント

- ❂ "**Would you ~?**" は「~してくださいませんか？」と、相手に何かをして欲しいことを丁寧に頼む「依頼」の表現として使われます。

- ❂ "would" は "will" の過去形ですが、この場合、「過去」の意味はなく、過去形を使うことで「もしできることなら」という婉曲的なニュアンスが加わり、ひかえめな気持ちを表す丁寧な表現となります。「依頼」の意味で "**Will you ~?**" (→パターン42) を使うと「~してくれませんか？」のようにくだけた言い方になり、親しい間柄の人などに使います。

- ❂ "**Would you please** +動詞の原形?" "**Would you** +動詞の原形, **please**?" のように "please" を使うとさらに丁寧な言い方になります。

- ❂ "Would you ~?" と同様、"**Could you ~?**" の形も丁寧な「依頼」の表現として使われます。
  ※返答の仕方など、"Could you ~?" の項（→パターン45）を参照。

語句と表現

☞【例文 ⑧】 "**do A(人) a favor**" "**do a favor for A(人)**" は「Aの頼みを聞き入れる」「Aに親切にする」の意味になります。名詞 "favor"（《英》では "favour" とつづる。）の基本の意味は「好意」で、そこから「(好意のあらわれとしての)親切な行為」の意味で使われます。つまり、"**Would [Could] you do me a favor?**" は直訳「私に親切な行為をしてくれますか？」から「お願いがあるのですが。」となります。

- "favor" を使った具体的なお願いの表現。

  Would you do me a favor and shut the door?

Pattern 44

「ドアを閉めていただけますか？」

Please come **as a favor to me**.

「ぜひお越しくださいませ。」

I ask you the favor of an early reply.

「早くご返事をくださいますように。」

Pattern 45

Could you + 動詞の原形?
「〜していただけますか？」

基本例文

Could you help me?
「手伝っていただけますか？」

① **Could you** lend me your car?
あなたの車を貸していただけますか？

② **Could you** exchange this?
これをとり換えていただけますか？

③ **Could you** wait a minute?
少しお待ちいただけますか？

④ **Could you** hold on a second?
少しお待ちいただけますか？〈電話の場合〉

⑤ **Could you** call me back later?
後でおかけなおしいただけますか？〈電話で〉

⑥ **Could you** tell me the way to the station?
駅へ行く道を教えていただけますか？

⑦ **Could you** come and see me tomorrow?
明日私に会いに来ていただけますか？

⑧ **Could you** open the window, please?
窓を開けていただけますか？

⑨ **Could you** pass the sugar, please?
砂糖をとっていただけますか？

⑩ **Could you** please help me carry my bag?
かばんを運ぶのを手伝っていただけますか？

Pattern 45

> ポイント

- ✪ "**Could you ～?**" は「～していただけますか？」と、相手に何かをして欲しいことを、丁寧に「依頼」する表現です。
- ✪ "could" は "can" の過去形ですが、この場合、「過去」の意味はなく、過去形を使うことでひかえめな気持ちを表す、婉曲的で丁寧な表現となっています。"**Can you ～?**" を使うと、「～してもらえますか？」のように、親しい間柄の人などに使うくだけた言い方になります。
- ✪ "**Could you please** ＋動詞の原形?" "**Could you** ＋動詞の原形, **please**?" のように "please" を使うとさらに丁寧な言い方になります。
- ✪ "**Would you ～?**" の形も "Could you ～?" と同様の丁寧な依頼の表現ですが、どちらかと言えば "Could you ～?" のほうがより丁寧なニュアンスになります。
- ✪ "Could [Would] you ～?" に対する答え方
  - "Yes" の場合（依頼に応じるとき）
    Yes, of course. / Certainly. / Sure. など
  - "No" の場合（依頼に応じられないとき）
    I'm afraid [I'm sorry, but] I can't." 「すみませんが、できません。」
    I wish I could. 「できたらいいのですが。（実際にはできません。）」

> 語句と表現

☞【例文 ④】"hold on" は「(電話を)切らないでおく」、反対に、「(電話を)切る」は "hang up" と言います。"**Could you hold on a second?**" の他にも、電話で「少々お待ち下さい。」と言うときは、"**Hold on, please.**" などを使います。

Pattern 46

Would [Do] you mind ～ing?
「～していただけ[くれ]ませんか？」

基本例文 **Would you mind** open**ing** the door?
「ドアを開けていただけませんか？」

① **Would you mind** help**ing** me?
手伝っていただけませんか？

② **Would you mind** carry**ing** this for me?
これを運んでいただけませんか？

③ **Would you mind** pass**ing** me the salt?
塩をとっていただけませんか？

④ **Would you mind** wait**ing** for a few minutes?
少しお待ちくださいませんか？

⑤ **Would you mind** call**ing** back later?
後でおかけなおしいただけませんか？〈電話で〉

⑥ **Would you mind** giv**ing** me your name?
あなたのお名前を教えていただけませんか？

⑦ **Would you mind** tell**ing** me what time it is?
いま何時か教えていただけませんか？

⑧ **Would you mind** not smok**ing** here?
ここではたばこを吸わないようにしてくださいませんか？

⑨ **Do you mind** lend**ing** me your umbrella?
あなたの傘を貸してくれませんか？

⑩ **Do you mind** go**ing** instead of me?
私の代わりに行ってくれませんか？

Pattern 46

> ポイント

✪ "**Would you mind ~ing?**" "**Do you mind ~ing?**" は「~してくださいませんか？」「~してくれませんか？」の意味で、相手に何かして欲しいことを丁寧に頼む「依頼」の表現です。"do" より "would" を使う方がより丁寧な言い方です。

※丁寧だが、場面や口調によっては、皮肉を含んだ表現、いんぎん無礼な表現になることもある。

✪ 動詞としての "mind" の基本的な意味は「心にかける」「気にする」などで、"Would [Do] you mind ~ing?" の形では、後に続く動名詞 "~ing" のさす内容（~すること）を「嫌だと思う」という意味になります。つまり、"Would [Do] you mind ~ing?" の直訳は「あなたは~することを嫌だと思いますか？」で、「~してくださいませんか？」という「依頼」の表現になります。

✪ "Would [Do] you mind ~ing?"「~していただけませんか？」に対する返事は、「承諾」（~してもいい）の場合が "**No, I wouldn't [don't] (mind).**"、「不承諾」（~したくない）の場合が "**Yes, I would [do] (mind).**" になります。これは、"mind ~ing" が「~するのを嫌だと思う」の意味であることから、「承諾」の場合は、「（自分が）~することを嫌だと思わない」という「否定」の文、「不承諾」の場合は、「（自分が）~することを嫌だと思う」という「肯定」の文で答えることになるのです。ただし、実際の会話では、これらはあまり使われず、以下のような答え方をします。

- 承諾する（~してもいい）場合

  No, not at all. / Certainly not. / Of course not.
  「ええ、いいですよ。（嫌だと思いません。）」

- 承諾しない（〜したくない）場合

    I'm sorry I can't.「すみませんが、できません。」

    I'm afraid I'm all tied up now.

    「悪いけど、今、手が離せません。」

    ※文法的ではないが、実際には「承諾」の返事に "Yes, certainly." "Sure." "Of course." "All right." なども使われる。

✪「何かをして欲しくない」場合に、「〜しないでくださいませんか？」と頼むときは、動名詞 "〜ing" の前に "not" をつけます。（例文⑧）

(発　展)

✪ "Would [Do] you mind 〜ing?"「〜してくれませんか？」と形は似ていますが、動名詞（〜ing）に "my" または "me" がついた **Would [Do] you mind my [me] 〜ing?** の形は、「〜してもかまいませんか？」（直訳：私が〜するのを嫌だと思いますか？）の意味になります。（→パターン49）つまり、"Would [Do] you mind 〜ing?"「（あなたが）〜してくれませんか？」では動名詞（〜ing）の意味上の主語は "you"、"Would [Do] you mind my [me]〜ing?"「（私が）〜してもかまいませんか？」の意味上の主語は "I"（← my [me]）となります。

Would you mind closing the door?

「（あなたが）ドアを閉めていただけませんか？」
↑動名詞 "closing" の意味上の主語は "you"

Would you mind my closing the door?

「（私が）ドアを閉めてもかまいませんか？」
↑動名詞 "closing" の意味上の主語は "I"（←my）

Pattern 47

Can I + 動詞の原形?
「~してもいいですか?」「(私は)~できますか?」

基本例文
Can I borrow this umbrella?
「この傘を借りてもいいですか?」

① **Can I** smoke here?
ここでたばこを吸ってもいいですか?

② **Can I** keep this?
これをもらってもいいですか?

③ **Can I** pay in Japanese yen?
日本円で払ってもいいですか?

④ **Can I** try this on?
これを試着できますか?

⑤ **Can I** make a reservation?
予約できますか?

⑥ **Can I** leave a message?
伝言を残せますか?

⑦ **Can I** talk to you for a minute?
ちょっとお話できますか?/今、少しよろしいですか?

⑧ **Can I** take your order?
ご注文はよろしいですか? 〈レストランなどで店員が〉

⑨ **Can I** have a glass of water?
水を1杯いただけますか?

⑩ **Can I** have the same as that?
あれと同じものをもらえますか?

> ポイント

- ✪ **"Can I ～?"** は「～してもいいですか？」「（私は）～できますか？」と、相手に自分の行動について「許可」を求めるときに使われる表現です。

- ✪ "can" のかわりに "could" を使い、**"Could I ～?"** と言うと、婉曲的で丁寧な表現になります。

- ✪ **"May I ～?"** (→パターン48) も "Can I ～?" と同様の意味で使われますが、"May I ～?" の方が丁寧でかしこまった感じになります。

- ✪ "Can [May] I ～?" に対する返答には、次のようなものが使われます。

  - 許可の場合：「いいですよ。（許可します。）」

    Certainly. / Of course. / Sure.

    Go ahead. / All right. / OK.
    ↑おおむね後ろへ行くほどカジュアル。

  - 不許可の場合：「いいえ。（許可できません。）」

    I'm afraid you can't.
    「申し訳ありませんが、（あなたは）それはできません。」
    I'm sorry, but I can't let you do that.
    「すみませんが、それは許可できません。」

> 発 展

- ✪ **"Can I ～?" "May I ～?"** は、「～してあげましょうか？」と、相手に「援助」など、何かしてあげることを申し出るときにも使われます。

    Can I give you a hand?「手伝いましょうか？」

May I take a message?「ご伝言を承りましょうか？」
※この場合の返答は、"**Yes, please.**"「ええ、お願いします。」や、"**No, thank you.**"「いえ、結構です。」など。

☆ "**Am I allowed to** 〜?"：「〜してもいいですか？」

"Can I 〜?" と同様、「〜してもいいですか？」と「許可」を求める表現に "**Am I allowed to ＋動詞の原形?**"（直訳：私は〜することを許されていますか？）という言い方もあります。

Am I allowed to smoke here?
「ここでたばこを吸ってもいいですか？」

─ 語句と表現 ─────────────────────

☞【例文③】"**Can I pay in Japanese yen?**"「日本円で払ってもいいですか？」は、"**Do you take [accept] Japanese yen?**"（直訳：あなたは日本円を受け取りますか？）という言い方もできます。同様に、「VISAカードは使えますか？」は、"**Can I use VISA?**" や、"**Do you take [accept] VISA?**" と言います。

☞【例文⑨⑩】"**Can [May] I have 〜?**" は、食べ物や飲み物を「〜をいただけますか？」と頼むときによく使われます。最後に "please" をつけると、より丁寧な言い方となります。

Can [May] I have some more bread, please?
「パンをもう少しいただけますか？」

Certainly, sir [ma'am].「かしこまりました。」
※ "sir"（男性）、"ma'am"（女性）は、目上の人や店員が客に対するときなど、遠慮した気持ちを含んだ丁寧な「呼びかけ」として使われる。

Pattern 48

May I + 動詞の原形**?**
「~してもいいですか?」「~させてください。」

基本例文 **May I** come in?
「入ってもいいですか?」

① **May I** sit here?
ここに座ってもいいですか?

② **May I** see it?
それを見てもいいですか?

③ **May I** ask you a question?
質問してもいいですか?

④ **May I** use your phone?
電話をお借りしてもいいですか?

⑤ **May I** use the washroom [rest room / bathroom / toilet]?
トイレをお借りしてもいいですか?

⑥ **May I** have some more milk?
牛乳[ミルク]をもう少しいただけますか?

⑦ **May I** have your name, please?
お名前を伺えますか?

⑧ **May I** introduce myself?
自己紹介させてください。

⑨ **May I** speak to John?
ジョンをお願いします。〈電話で〉

⑩ **May I** help you?
いらっしゃいませ。〈店で店員が〉/お手伝いしましょうか?

Pattern 48

ポイント

- ✪ "**May I ~?**" は「～してもいいですか？」と、相手に自分の行動について「許可」を求める表現です。また「～させてください。」「～しましょうか？」と何かする（してあげる）ことを丁寧に申し出る言い方としても使われます。

    May I take a message?「ご伝言を承りましょうか？」

- ✪ "**Can I ~?**"（→パターン47）の形も同様の意味で使われますが、"May I ~?" には「あなたに許してもらう」というニュアンスがあり、丁寧でかしこまった感じになるので、改まった場面や目上の人に使うには "May I ~?" の方が無難です。
    ※返答の仕方など、"Can I ~?" の項を参照。

- ✪ "may" のかわりに過去形の "might" を使った "**Might I ~?**" は、より丁寧なニュアンスを持ちますが、口語ではそれほど使われません。

語句と表現

☞【例文 ④⑤】「～を借りてもいいですか？」と言うときには、よく "**May I use ~?**" が使われます。"借りる" の意味の "borrow" は「借りて持って行く」という意味になるので、「電話」「トイレ」のように、その場で使ってすぐに返す場合は原則的には "use" を使います（ただし、実際の会話では電話にも "borrow" が使われています）。

May I borrow this book?
「この本を借りてもいいですか？」

☞【例文⑤】「トイレ」には《米》/《英》や、個人宅/公共などの場所の違いによって、"washroom" "rest room" "bathroom" "toilet" など、いろいろな言い方があります。公衆トイレなどにつけられている"W.C."という略号は"water closet"（水洗トイレ）の略です。人と一緒にいるときに、中座して「トイレに行きたい。」と言うときは、婉曲的な言い方で **"May I be excused?"**「失礼していいですか？」が使われます。

☞【例文⑧】**"May I introduce myself?"** は「自己紹介させてください。」という意味で、同様に **"I'd like to introduce myself."** も同じ意味でよく使われる言い方です。

☞【例文⑨】**"May I speak to +名前?"** は、電話をかけて「～さんをお願いします。」と言うときに使う表現です。同じ意味で **"I'd like to speak to +名前."** の形もよく使われます。

☞【例文⑩】**"May I help you?"** の意味は「お手伝いしましょうか？」ですが、店員が客にむかって最初にかける言葉として、日本語の「いらっしゃいませ。」と同様に使われます。「ご用を伺いましょうか？」「何を差し上げましょうか？」といった意味なので、何かあるときは、**"Yes, please."**「ええ、お願いします。」と言ったあとに用件を続け、特に何もないときは **"No, thank you. I'm just looking."**「いいえ、結構です。ちょっと見ているだけです。」と答えます。

Pattern 49

Do [Would] you mind if I ～ ?
Do [Would] you mind my ～ing ?

「～してもかまいませんか？」

基本例文 **Do you mind if I open the window?**
「窓を開けてもかまいませんか？」

① **Do you mind if I smoke?**
たばこを吸ってもかまいませんか？

② **Do you mind if I use your phone?**
電話をお借りしてもかまいませんか？

③ **Do you mind if I ask you a favor?**
お願いしてもかまいませんか？

④ **Do you mind if I come to your place tomorrow?**
明日あなたのところへ伺ってもかまいませんか？

⑤ **Do you mind if I don't come with you?**
あなたに同行しなくてもかまいませんか？

⑥ **Would you mind if I closed the window?**
窓を閉めてもかまいませんか？

⑦ **Would you mind if I borrowed this umbrella?**
この傘をお借りしてもかまいませんか？

⑧ **Would you mind if I turned up the volume a little?**
音量を少し上げてもかまいませんか？

⑨ **Do you mind my playing a CD here?**
ここで CD をかけて（いて）もかまいませんか？

⑩ **Would you mind my taking this seat?**
この席に座ってもかまいませんか？

> ポイント

- "**Do [Would] you mind if I ～?**" の形は、「～してもかまいませんか？」の意味で、自分の行動について相手の「許可」を求める表現です。

- "Would you mind if I ～?" の形では、"if" 以下の動詞には、普通「過去形」を用います。これは一種の「仮定法」で、「もし仮に～したら」と仮定して言うことで遠慮した気持ちが込められ、丁寧な言い方になります。"Do you mind if I ～?" は "would" を使うよりややくだけた感じで、この場合は "if" 以下の動詞は「現在形」になります。さらにくだけた言い方では、"do you" が省略され、"**Mind if I ～?**" の形になることもあります。

    Mind if I join you?「ご一緒してもいい？」

- "Do [Would] you mind if I ～?" の "if I ～" のかわりに "my ～ing" を使った、"**Do [Would] you mind my ～ing?**" の形も、「～してもかまいませんか？」の同じ意味を表します。こちらも、"do" よりも "would" を使う方が丁寧な言い方になります。ただし、下の2つの文はどちらも「ここでたばこを吸ってもかまいませんか？」の意味ですが、"do" と "would" で次のような使い分けをする場合もあります。

    Do you mind my smok**ing** here?
    ↑すでにたばこを吸っている場合にも使われる。

    Would you mind my smok**ing** here?
    ↑まだ吸っておらず、「もし吸ったとしたら」と仮定して言うのに使われる。

- 口語では、"Do [Would] you mind my ～ing?" と同じ意味で、動名詞（～ing）の前に "my"（所有格）ではなく "me"（目的格）を使った "**Do [Would] you mind me ～ing?**"

の形も使われます。

Would you mind me [my] turning on the TV?
「テレビをつけてもかまいませんか？」

○ "Do [Would] you mind if I ～?" "Do [Would] you mind my ～ing?" は、直訳すると、それぞれ「私が～したら嫌だと思いますか？」「私が～することを嫌だと思いますか？」となります。そこで、これらに対する返事の基本形は、相手が「(～しても)いい」(許可する)とき、つまり「(～しても)嫌だと思わない」ときは "**No, I don't [wouldn't] mind.**"、相手が「(～しては)よくない」(許可しない)とき、つまり「(～したら)嫌だと思う」ときは "**Yes, I do [would] (mind).**" で答えます。ただし、これらはやや乱暴な言い方なので、実際には、以下のような言い方が多く使われます。

● 許可する（～してもいい）場合
No, not at all. / Certainly not. / Of course not.
「ええ、どうぞ。（嫌だと思いません。）」
Please go ahead.「どうぞやってください。」
Please be my guest.「どうぞご自由になさってください。」
That's fine with me.「私はかまいませんよ。」

● 許可しない（～してほしくない）場合
I can't let you do that.
「あなたにそれをさせることはできません。」
I'm sorry, but I can't permit it.
「すみませんが、それを許可することはできません。」
I'd rather you didn't.
「できればしてほしくないのですが。」

Pattern 50

Shall I + 動詞の原形?
「〜しましょうか?」

基本例文 **Shall I give you a hand?**
「お手伝いしましょうか?」

① **Shall I** open the window?
窓を開けましょうか?

② **Shall I** carry your baggage [luggage] for you?
あなたの荷物を運びましょうか?

③ **Shall I** get a can of juice for you?
缶ジュースを買ってあげましょうか?

④ **Shall I** lend you this book?
この本をお貸ししましょうか?

⑤ **Shall I** show you some photos?
写真を少しお見せしましょうか?

⑥ **Shall I** drive you home?
車で家へ送りましょうか?

⑦ **Shall I** come to pick you up?
(車で)迎えに行きましょうか?

⑧ **Shall I** call you a taxi?
タクシーを呼びましょうか?

⑨ **Shall I** call you again later?
後でまたお電話しましょうか?

⑩ **Shall I** have him call you back?
彼から折り返し電話をさせましょうか?

Pattern 50

ポイント

- ✪ "**Shall I ~?**" は「(私が)〜しましょうか？」と、自分が何かすることを申し出る表現、自分の行動について相手の「意志」や「指示」をたずねる表現です。

- ✪ "Shall I ~?" に対する返答には、"**Yes, please.**"「ええ、お願いします。」や、"**No, thank you.**"「いいえ、結構です。」などが使われます。

- ✪ "Shall I ~?" と同様に、"**Do you want me to** +動詞の原形?" "**Would you like me to** +動詞の原形?"（直訳：私に〜してほしいと思いますか？）も、「〜しましょうか？」の意味で使われます。実際の会話では、これらの方がよく使われます。

    Shall I close the door?「ドアを閉めましょうか？」
    → **Do you want me to** close the door?
    → **Would you like me to** close the door?
    ※ "do" より "would" を使う方が丁寧。

語句と表現

☞【例文 ②】通常、《米》では "**baggage**"、《英》では "**luggage**" を使い、旅行などで持ち歩く「手荷物」を意味します。どちらも数えられない名詞で、「荷物1個」は "**a piece of baggage [luggage]**"、「荷物3個」は "**three pieces of baggage [luggage]**" と言います。

☞【例文 ⑦】"**pick up ~**" は「〜を拾い上げる」「〜を取りに行く」などの意味ですが、よく「車で迎えに行く」の意味で使われます。

Pattern 51

Shall we + 動詞の原形?
「〜しましょうか?」「〜しましょう。」

基本例文

Shall we go?
「行きましょうか?」「行きましょう。」

① **Shall we** go out tonight?
今晩出かけましょうか?

② **Shall we** go for a walk?
散歩に行きましょう。

③ **Shall we** go for a drive this weekend?
今週末ドライブに行きましょうか?

④ **Shall we** go shopping?
買い物に行きましょう。

⑤ **Shall we** go skiing together?
一緒にスキーに行きませんか?

⑥ **Shall we** go to a concert tomorrow?
明日コンサートに行きましょう。

⑦ **Shall we** go to the seaside or to the mountains this summer?
この夏は海へ行きましょうか、それとも山へ行きましょうか?

⑧ **Shall we** go to see a baseball game?
野球の試合を見に行きましょうか?

⑨ **Shall we** have lunch?
昼ご飯を食べましょう。

⑩ **Shall we** take a coffee break?
ひと休みしてコーヒーでも飲みましょう。

Pattern 51

ポイント

○ "**Shall we 〜?**" は自分たちの行動について、「〜しましょうか？」と相手の「意向」をたずねたり、「〜しましょう。」と「提案」や「勧誘」をするときの表現です。日本語でどちらに訳すかは、前後の流れによります。

○ "Shall we 〜?" に対する返答には、"**Yes, let's.**"「ええ、そうしましょう。」や、"**No, let's not.**"「いいえ、やめましょう。」などが使われます。

語句と表現

☞【例文 ②③】"**go for 〜**" は「〜に行く」「〜に出かける」の意味で、下のような形で使われます。

- **go for** ＋散歩など：〜に出かける
    go for a walk「散歩に出かける」
    go for a drive「ドライブに出かける」
    go for a swim「泳ぎに出かける」
- **go for** ＋物：〜を取りに行く
    go for a newspaper「新聞を取りに行く」
- **go for** ＋人：〜を呼びに行く
    go for a doctor「医者を呼びに行く」

Pattern 52

I would like + 名詞.

「〜が欲しいのですが。」「〜をください。」

基本例文 **I would like** a glass of water.
「お水を1杯いただきたいのですが。」

① **I would like** this sweater.
このセーターをください。

② **I would like** that red one.
あの赤いのが欲しいのですが。

③ **I would like** a steak.
ステーキをお願いします。

④ **I would like** another cup of coffee.
コーヒーをもう1杯いただきたいのですが。

⑤ **I would like** a hamburger and an iced tea.
ハンバーガーを1つとアイスティーを1つください。

⑥ **I would like** the same.
私にも同じものをください。

⑦ **I would like** a receipt.
領収書をください。

⑧ **I would like** a one-way [single] ticket.
片道切符をください。

⑨ **I would like** a reservation.
予約をしたいのですが。

⑩ **I would like** a bath.
お風呂に入りたいです。

Pattern 52

ポイント

✪ "**I would like** 〜." は「〜が欲しいのですが。」「〜をください。」の意味で、人に自分が欲しいものを丁寧に伝えるとき、何か「もの」や「こと」を頼むときの表現です。

✪ 会話ではたいてい、"**I'd like** 〜." と、短縮して話されます。

発 展

✪ **I want** ＋名詞.：「〜が欲しい。」

"I want 〜." は「〜が欲しい。」と言うときの最も基本的な表現です。ただし、この言い方は直接的で、ぶしつけな感じになるので、丁寧に頼むときは "I would like 〜." を使います。

I want a new bag.「新しいかばんが欲しい。」

I would like a new bag.「新しいかばんが欲しいのですが。」

✪ "I would like 〜." の形は、レストランなどで食事を注文するときによく使われますが、他に下のような言い方もあります。

I will have some fried chicken.

「私はフライドチキンをいただきます。」

Give me some French fries, **please**.

「フライドポテトをください。」

語句と表現

☞【例文 ⑧】

「片道切符」《米》*a* one-way ticket 《英》*a* single ticket

「往復切符」《米》*a* round-trip ticket 《英》*a* return ticket

☞【例文 ⑩】名詞 "**bath**" は「設備」としての「風呂」だけでなく、「入浴(すること)」の意味もあります。「入浴する」は "take [have] a bath" または "bathe"(動詞) です。

● 155 ●

Pattern 53

Would you like + 名詞 ?
「〜をいかがですか？」

基本例文
Would you like some tea?
「お茶をいかがですか？」

① **Would you like** a cup of coffee?
コーヒーを1杯いかがですか？

② **Would you like** cream and sugar?
クリームと砂糖はいかがですか？

③ **Would you like** something to drink?
何か飲み物はいかがですか？

④ **Would you like** some more ice cream?
アイスクリームをもう少しいかがですか？

⑤ **Would you like** some?
少しいかがですか？

⑥ **Would you like** some more?
もう少しいかがですか？

⑦ **Would you like** another helping?
おかわりはいかがですか？

⑧ **Would you like** a refill?
もう1杯いかがですか？

⑨ **Would you like** a ride?
車で送りましょうか？

⑩ **Would you like** something to read?
何か読む物はいかがですか？

Pattern 53

ポイント

○ "**Would you like ～?**" は「～はいかがですか？」と、相手に何か「もの」や「こと」をすすめるときに使う表現です。特に、食べ物や飲み物をすすめるときによく使われます。

○ "Would you like ～?"「～はいかがですか？」への答え方

- "yes" の返事：欲しいとき
  Yes, please.「はい、お願いします。」
- "no" の返事：欲しくないとき
  No, thank you.「いいえ、結構です。」
  I've had enough.「もう、充分いただきました。」

語句と表現

☞【例文 ⑤】"**Would you like some?**" は、自分が食べているものなどを相手にもすすめるときに「(あなたも)欲しい？」とたずねる表現です。

☞【例文 ⑦】"**helping**" は名詞で、「手助け」「助力」などの意味の他に、食物の「ひと盛り」「1 杯」といった意味があります。"another helping" "a second helping" は「おかわり」の意味になります。

☞【例文 ⑧】"**refill**" は「詰め替え品」の意味ですが、酒など飲み物の「おかわり」の意味でも使われます。

Pattern 54

I would like to + 動詞の原形．
「〜したいのですが。」

基本例文 **I would like to** make a reservation.
「予約をしたいのですが。」

① **I would like to** have another cup of tea.
お茶をもう1杯いただきたいのですが。

② **I would like to** cancel my order.
注文を取り消したいのですが。

③ **I would like to** reserve a table for two tonight.
今晩2人分の席を予約したいのですが。

④ **I would like to** try on this skirt.
このスカートを試着したいのですが。

⑤ **I would like to** send this letter to Japan by air.
この手紙を日本へ航空便で送りたいのですが。

⑥ **I would like to** change this cash to dollars.
この現金をドルに両替したいのですが。

⑦ **I would like to** ask you a question.
あなたに質問をしたいのですが。

⑧ **I would like to** speak to Mr. Brown.
ブラウンさんとお話ししたいのですが。／ブラウンさんをお願いします。
〈電話などで〉

⑨ **I would like to** leave a message.
伝言を残したいのですが。

⑩ **I would** really **like to** buy a new car.
私は新しい車をとても買いたいです。

Pattern 54

ポイント

- ❖ "I would like to ～." は「～したいのですが。」の意味で、人に自分が何かしたいことを丁寧に伝える表現です。
- ❖ 会話ではたいてい、"I'd like to ～." と短縮して話されます。
- ❖ 女性的な表現で "I would love to ～."「ぜひ～したいです。」という強調した言い方もあります。

発 展

- ❖ "I would like + A(人) + to +動詞の原形." の形にすると、("to ～"の示す動作の主体が) 自分ではなく「A(人)に～して欲しい。」という意味になります。

    I would like <u>you</u> to come with me.
    「<u>あなたに</u>一緒に来ていただきたいのですが。」

語句と表現

☞【例文 ③】「(～を)予約する」は "**reserve**"(動詞)、「予約をする」は "**make** a reservation"、既にした予約を「取り消す」は "**cancel** *one's* reservation"、「変更する」は "**change** *one's* reservation"、「確認する」は "**confirm** *one's* reservation" です。

☞【例文 ④】"**try on** ～" は「～(服など)を試着する」の意味です。通常、"～" が「名詞」の場合は "try on +名詞"(例: try on <u>this skirt</u>)、「代名詞」の場合は "try +代名詞+ on"(例: try <u>this</u> on)の語順になります。

☞【例文 ⑤】手紙や荷物などを送るとき、「航空便で」は "**by air**" "**by airmail**"、「船便で」は "**by ship**" "**by sea mail**" と言います。

Pattern 55

Would you like to + 動詞の原形 ?
「〜したいですか？」「〜なさいませんか？」

基本例文

Would you like to come with me?
「一緒にいらっしゃいませんか？」

① **Would you like to** join us?
私たちと一緒にいかがですか？

② **Would you like to** play tennis this afternoon?
今日の午後テニスをしませんか？

③ **Would you like to** go for a drive?
ドライブに行きませんか？

④ **Would you like to** go to the movies?
映画を観に行きませんか？

⑤ **Would you like to** go out with me tonight?
今夜一緒にでかけませんか？

⑥ **Would you like to** go out for dinner?
夕食を食べに出かけませんか？

⑦ **Would you like to** have lunch with me?
一緒に昼食をいかがですか？

⑧ **Would you like to** have one more cup of tea?
お茶をもう1杯召し上がりませんか？

⑨ **Would you like to** have a drink after work?
仕事が終わったら1杯飲みませんか？

⑩ **Would you like to** leave a message?
ご伝言を残されますか？

Pattern 55

(ポイント)

⭐ "**Would you like to** ～?" は「～したいですか?」と相手の希望をたずねたり、「～なさいませんか?」と何かすることを丁寧に「勧誘」「提案」するときの表現です。

(語句と表現)

☞【例文④】"**go to the movies**":「映画に行く」

- 総称的に「映画」を表す一般的な語は、《米》"**the movies**"、《英》"**the cinema**" で、「(不特定の)映画(を観)に行く」は《米》"go to the movies"、《英》"go to the cinema" と言います。

- 個々の「映画」を指すときは、《米》"***a* movie**"、《英》"***a* film**" です。

   Have you seen this movie《米》[film《英》]?
   「この映画は観ましたか?」

- 「映画館」は、《米》"***a* movie(theater)**"、《英》"***a* cinema**" です。
   ※「映画に行く」は "go to (see) a movie" も使われる。

☞【例文⑥】"**dinner**":「食事」「正餐」

"**dinner**" はよく「夕食」と訳されますが、厳密には「正餐」、つまり、「1日のうちの1番のごちそう」のことを言います。通常は、夕食が "dinner" となる場合が多いのですが、習慣によって(特に休日など)、昼食が "dinner" になる場合もあります。つまり、3度の食事のうち、昼食が軽くて "lunch" の場合は夕食が "dinner"、逆に昼食が "dinner" の場合は夕食が軽い "supper" となります。「食事(正餐)をする」は、通

常 "have" を使って "have dinner" と言いますが、"eat dinner"、また、特に《英》では "take dinner" も使います。また、「食事中」は "*be* at dinner" と言います。

～食事を表す単語～

a meal ： 食事（単に「食事」を表す一般的な語）

dinner ： 食事（正餐：普通、昼食または夕食のどちらか）

a snack： 軽食、間食、おやつ（＝ *a* light meal）

breakfast： 朝食

lunch ：（軽い）昼食

supper ：（軽い）夕食

※ "meal" と "snack" は「数えられる名詞」なので冠詞 "a" が必要。それ以外の語は「数えられない名詞」なので、通常、冠詞 "a" は必要ない。
　→例外：前に形容詞をともなう場合
　　　　an excellent dinner「素晴らしい食事」
　　　　an expensive lunch「高価な昼食」

Pattern 56

I used to + 動詞の原形.
「以前は(よく)〜したものです。」「かつては〜でした。」

基本例文 **I used to** swim in this river.
「私は以前よくこの川で泳いだものです。」

① **I used to** go for a walk every morning.
私は以前は毎朝散歩に行っていました。

② **I used to** go shopping on Sundays.
私は以前は日曜日にはよく買い物に行ったものです。

③ **I used to** visit them quite often.
私は以前は彼らのところを頻繁に訪ねていました。

④ **I used to** keep a dog.
私は以前は犬を飼っていました。

⑤ **I used to** like vegetables.
私は以前は野菜が好きでした。

⑥ **I used to** be a vegetarian.
私は以前は菜食主義者でした。

⑦ **I used to** live in Rome when I was a child.
私は子供の頃はローマに住んでいました。

⑧ **I used to** practice the piano when I was a child.
私は子供の頃はよくピアノの練習をしました。

⑨ **I used to** smoke a lot, but I have given up smoking now.
私は以前はたばこをたくさん吸っていましたが、今ではやめました。

⑩ I do not read as much as **I used to**.
私は以前ほど本を読みません。

> ポイント

- ✪ "**used to ~**" は「以前は(よく)~したものだ」「かつては~だった」など、過去の「習慣的な動作」や「継続的な状態」を表します。この "used" は後に「to 不定詞」をともない、"used to" 全体で1つの助動詞のような働きをします。

- ✪ "used to" には、暗に「現在と過去との対比」の気持ちが含まれ、「以前は~だったが、今は違う」といったニュアンスが含まれます。

    He **used to** smoke, but now he doesn't.
    「彼は以前はたばこを吸っていましたが、今は吸いません。」

- ✪ 「否定形」は、通常 "**didn't use(d) to ~**"「以前は~なかった」を使います。また、"**never used to ~**" の形もあります。

    She **didn't use(d) to** smoke.
    「彼女は以前はたばこを吸わなかった。」

    We **never used to** eat out.
    「私たちは以前は外食することはなかった。」

- ✪ 「疑問形」は、通常 "**Did + S + use(d) to ~?**"「以前は~だったのですか?」を使います。

    Did you **use(d) to** live here?
    「あなたは以前はここに住んでいたのですか?」

    What **did** he **use(d) to** say?
    「彼はいつも何と言っていましたか?」

- ✪ 「付加疑問文」には "**S + used to ~, didn't + S?**"、または "**S + didn't use(d) to ~, did + S?**" の形を使います。

    You **used to** live in Osaka, **didn't you**?
    「あなたは以前大阪に住んでいましたね?」

Pattern 56

He **didn't use(d) to** play golf, **did he**?

「彼は以前はゴルフをやらなかったですよね？」

発 展

✪ "**used to** ～" と "**be used to** ～"

"used to ～" と形は似ていますが、"**be used to** ～" は「～に慣れている」という意味です。"used to ～"（以前は～したものだ）の "to" は不定詞の一部（または、"used to" 全体で一つの「助動詞」と考えられる）で、後には「動詞の原形」が続きます。一方、"*be* used to ～"（～に慣れている）の "used" は「形容詞」、"to" は「前置詞」で、後には「名詞」または「動名詞」が続きます。

He **used to** get up early.（動詞）
「彼は以前は早起きをしていたものだ。」

He **is used to** getting up early.（動名詞）
「彼は早起きに慣れている。」

He **is** not **used to** hard work.（名詞）
「彼はきつい仕事には慣れていない。」

Part 4
命令表現

Pattern 57

動詞の原形 〜.
「〜しなさい。」

基本例文 **Hurry** up!
「急ぎなさい！」

① **Watch** [**Look**] out!
気をつけて！／危ない！

② **Leave** me alone!
私のことはほっといて！

③ **Leave** it to me.
それは私に任せて。

④ **Calm** down!
落ち着いて！

⑤ **Come** (on) in.
お入りなさい。

⑥ **Go** straight along this street.
この通りに沿ってまっすぐ行きなさい。

⑦ **Turn** right [left].
右 [左] に曲がりなさい。

⑧ Just **help** yourself.
自由にとってね。／どんどん食べて [飲んで] ね。

⑨ **Take** care.
気をつけてね。／元気でね。

⑩ **Say** hello to your wife for me.
奥さんによろしく伝えて。

Pattern 57

ポイント

- ✪ 命令文は「命令」「要求」「依頼」などを表す文です。原則として、常に、面とむかった相手である「あなた」に対するものなので、「聞き手(= you)」があきらかなことから、主語の"you"は省略され、「動詞の原形」で始めます。
- ✪ 文尾には終止符（ピリオド）"."をつけますが、感情がこもっていることを表すために感嘆符"!"をつけることもあります。

発 展

- ✪ 特に相手の注意をひきたい場合には、命令文の主語"you"（命令される聞き手は常に「あなた」なので）が表されます。これは「主語」というより、一種の「呼びかけ」と考えられます。この場合、"you"は強く発音されます。

  You **go** first. 「まずはあなたが行きなさい。」

- ✪ 命令文を強めるために、文頭に"do"をつける場合があります。

  Do **come** again. 「ぜひまた来てください。」

- ✪ 命令文の文頭または文尾に"please"をつけると「どうぞ〜してください。」という「丁寧な命令」または「依頼」の文になります。（→パターン61）

語句と表現

☞ 【例文 ①】"**Watch [Look] out!**"は「気をつけて！」「危ない！」「注意しろ！」などと、危険を知らせ、注意を喚起する表現です。また、"**Watch [Mind] your step!**"と言うと「足元に気をつけて！」となります。

☞【例文 ⑦】"**Turn right [left]**." と言ったときの "right" "left" は「副詞」で「右へ[に]」「左へ[に]」となります。"right" "left" を「右」「左」の「名詞」として用いると "**Turn to the right [left]**." となります。また、"**keep right [left]**" "**keep to the right [left]**" は「右[左]側通行」の意味です。

☞【例文 ⑧】動詞の "help" には飲食物を「とってやる」「すすめる」という意味があり、"**help *one*self**" で「(自分で)自由にとって食べる[飲む]」の意味になります。"**help *one*self to ~**" では「~を自由にとって食べる[飲む]」の意味になります。

 Help yourself to the cake.
 「遠慮なくケーキを召し上がってくださいね。」

☞【例文 ⑨】"**Take care.**" の意味は「気をつけてね。」「元気でね。」ですが、「じゃあね。」ほどの軽い意味で、親しい人との別れ際のあいさつとしてよく使われます。"**Take (good) care of yourself.**" と言うと「お体をお大事に。」の意味で、通常、あまり健康でない人に対して使います。また、"**Take it easy.**" は「気楽にね。」「無理しないでね。」といった意味で、こちらもよく別れ際のあいさつに使われます。

☞【例文 ⑩】"**Say hello to A**(人) **(for me)**."「A に(私から)よろしく伝えて。」は親しい間柄で使われます。あらたまった場では "**Give my (best / kind) regards to A**(人)." "**Give A**(人) **my (best / kind) regards.**" を使います。

 Please **give my best regards to** your parents.
 「ご両親にくれぐれもよろしくお伝えください。」

Pattern 58

Have ～.
「～を持ちなさい。」「～をどうぞ。」

基本例文 **Have** some cake.
「ケーキをどうぞ。」

① **Have** confidence.
自信を持ちなさい。

② **Have** a heart!
勘弁してよ！

③ **Have** a seat.
座って。

④ **Have** a cigarette.
たばこを1本どうぞ。

⑤ **Have** a cup of tea.
お茶を1杯どうぞ。

⑥ **Have** another drink.
もう1杯どうぞ。

⑦ **Have** fun.
楽しんでね。

⑧ **Have** a good [nice] time.
楽しい時を過ごしてね。

⑨ **Have** a nice day.
よい1日を。

⑩ **Have** a nice weekend.
よい週末を。

(ポイント)

- ✪ "have" の基本的な意味は「持つ」ですが、「(物質的な物を)持つ」以外にも、「(性質など抽象的なものを)持つ」「(飲食物を)食べる／飲む」という場合にも使われます。"have" を使った命令文 "**Have ~.**" の形は、「~を持ちなさい。」の意味で、さらに「~をどうぞ。」と、何かをすすめる表現としても使われます。"Have ~." の形には、日常的なあいさつによく使われる表現も数多くあります。

- ✪ "Have ~." は直訳すると「~を持ちなさい。」という「命令文」なので「~をどうぞ。」の意味で用いられる場合も、親しい間柄の人に対して使います。目上の人に対してなど、丁寧に言う必要のあるときは、"Will you" や "Would you" を使って「疑問形」にします。

　　Have some cake. 「ケーキをどうぞ。」

　　→ **Will [Would] you** have some cake?

　　「ケーキをいかがですか？」

(語句と表現)

☞【例文 ②】"heart" の「(優しい)心」の意味から、"**Have a heart!**" は、口語で「寛大な心を持ってくれ。」、つまり、何かを許して(免除して)ほしいときなどに、「勘弁してくれ！」「大目に見てくれ！」「同情してくれ！」などと頼む表現として使われます。

☞【例文 ⑧⑨⑩】"**Have a nice [good] ~.**" は、別れ際のあいさつによく使われる表現で、「よい~を。」と、相手が楽しい時間などを過ごすことを願う表現です。"~" の部分には、"time" "day" "trip" など、相手の状況に応じていろいろな語が入ります。返事は、いずれの場合も、"**(Yes,) I will.**" 「はい、そうですね。」、"**The same to you.**" "**Same to you.**" "**And the same to you.**" 「あなたもね。」などと答えます。

- **Have a good [nice] time**.：パーティーなど、これからどこかへ出かける人にむかって、「楽しんできてね。」というように使う。
- **Have a nice day**.：朝、外出する人にむかって「行ってらっしゃい。」の意味で、また、店などで店員が客に商品を渡しながら「よい１日を。」と言うときに使われる。
- **Have a nice weekend**.：職場や学校などで、休日の前の別れ際のあいさつとして、「よい週末を。」というように使う。
- **Have a nice trip**.：これから旅行へ出発する人にむかって、「よい旅を。」と言うときに使う。

Pattern 59

Be 〜.
「〜なさい。」

基本例文 **Be** quiet.
「静かにしなさい。」

① **Be** careful.
気をつけなさい。

② **Be** punctual.
時間を守りなさい。

③ **Be** gentle [soft].
優しくしなさい。

④ **Be** kind [nice / good] to others.
人には親切にしなさい。

⑤ **Be** strong.
強くなりなさい。

⑥ **Be** sure to come again.
ぜひまた来てください。

⑦ **Be** sure and close the window.
必ず窓を閉めてください。

⑧ **Be** at home.
家にいなさい。

⑨ **Be** here at seven o'clock.
7時にはここにいらっしゃい。

⑩ **Be** a good boy.
いい子にしていなさい。

Pattern 59

ポイント

- 「命令文」は通常「動詞の原形」で始めます。「be動詞」の命令文の場合も、「原形」である"be"で始め、"**Be** ~."の形で「~なさい。」という意味になります。"~"の部分には「形容詞」や「名詞」が入ります。

- 命令される聞き手は常に「あなた」(you)であることから、"Be ~."の「命令文」を「肯定文」に直すと、"You are ~."となります。

  Be kind to elderly people.「お年寄りに親切にしなさい。」
  → **You are** kind to elderly people.
  「あなたはお年寄りに親切です。」

発 展

- 通常、「命令文」には「主語」は表示されませんが(→パターン57)、特に相手の注意をひきたい場合には、主語"you"(命令される聞き手は常に「あなた」なので)が表示されます。これは、「主語」というより、一種の「呼びかけ」と考えられます。

  You, be quiet.「あなた(たち)、静かにしなさい。」

- 命令を強めるために、文頭に"do"をつける場合があります。

  Do be quiet.「静かにしなさいってば。」
  ↑なかなか静かにしない相手に対して使う。

  Do be hopeful.「どうか希望をもって。」

語句と表現

☞【例文 ②】"punctual"は「時間に正確な」の意味です。「約束の時間をきちんと守る」は"***be* punctual for appointments**"と言います。

175

- 【例文 ④】"nice" や "good" には "kind" と同様「親切な」の意味があり、"***be* kind [nice / good] to** 〜" で「〜に親切にする」となります。

- 【例文 ⑤】"**Be strong.**"「強くなりなさい。」と似た表現に、"**Be a man.**"「男らしくしなさい。」という言い方もあります。

- 【例文 ⑥⑦】"***be* sure to** +動詞の原形" は「きっと〜する」の意味です。命令文「必ず〜しなさい。」の意味では、"**Be sure to** +動詞の原形." と同様、口語では、"**Be sure and** +動詞の原形." の形も使われます。

    Be sure and remember what I told you.
    「私の言ったことを決して忘れないようにしなさい。」

- 【例文 ⑧】"***be* at home**" という場合の "home" は「(我が)家」という「名詞」、"***be* home**" の "home" は「(我が)家へ[に]」という「副詞」です。"*be* at home" の「家にいる」「在宅している」に対して、"*be* home" は「家に帰っている」というニュアンスがあります。

Pattern 60

Don't + 動詞の原形.
「〜するな。」「〜しないで。」

Never + 動詞の原形.
「決して〜するな。」

基本例文 **Don't** do that again!
「そんなことは二度とするな！」

① **Don't** bother me.
   私のじゃまをしないで。

② **Don't** forget to write.
   手紙を書くのを忘れないでね。

③ **Don't** worry (about it).
   （そのことは）心配しないで。

④ **Don't** mention it.
   どういたしまして。

⑤ **Don't** work too hard.
   ほどほどにね。／頑張り過ぎないで。

⑥ **Don't** be rude.
   失礼な態度をとるな。

⑦ **Don't** be silly.
   ばかなことを言わないで。

⑧ **Never** mind.
   気にしないで。／かまいませんよ。

⑨ **Never** give up!
   あきらめないで！

⑩ **Never** say die!
   弱音をはくな！

ポイント

- ✪ "**Don't** +動詞の原形." の形は「否定の命令文」で「〜するな。」という「禁止」を表します。また、内容によっては、「禁止」というより、「〜しないで(ください)。」という「お願い」「アドバイス」に近いニュアンスになる場合もあります。
- ✪ "don't" のかわりに "never" を使った "**Never** +動詞の原形." は「決して〜するな。」という「強い禁止」を表します。
- ✪ 「be 動詞」の文の否定の命令文にも "don't" を使い、"**Don't be** +形容詞／名詞." の形になります。

発 展

- ✪ 通常、「命令文」には「主語」は表されませんが (→パターン 57)、特に相手の注意をひきたい場合は、主語 "you"(命令される聞き手は常に「あなた」なので) が表示されます。この場合、"you" は強く発音されます。

    Don't you **forget** to meet me at the station.
    「きっと駅まで迎えに来てくださいよ。」
    Don't you **make** so much noise.
    「あなた(たち)、そんなに騒いではいけません。」
    ※形は同じだが、「疑問文」ではないことに注意。

語句と表現

☞【例文 ④】動詞 "mention" は「(〜のことを)言う」の意味です。"**Don't mention it.**" は、相手が言った「お礼」「おわび」などに対して「それ(を言う)には及びませんよ。」、つまり「どういたしまして。」(= **You are welcome.**) の意味で使われます。

Pattern 60

☞【例文 ⑤】"**Don't work too hard.**" の直訳は「働き過ぎないでね。」「頑張り過ぎないでね。」で、別れ際のあいさつなどで、「ほどほどにね。」といった感じで使われます。日本ではよく「頑張ってね。」と言うのと対照的です。

☞【例文 ⑧】"**Never mind.**" は、相手が気に病んでいることなどについて「気にしないで。」と元気づけるときに使います。また、相手の「謝罪」に対して、「かまいませんよ。」（= It's okay.）の意味でも使われます。

 I'm really sorry. 「本当にごめんなさい。」
  Never mind. 「気にしないで。」

☞【例文 ⑨】"**Never give up!**"「あきらめるな！」と似た意味で、"**Hang in there!**"「（めげずに）がんばれ！」という言い方も、同じような場面で使われます。

☞【例文 ⑩】"**Never say die!**" は、直訳すると「決して"死ぬ"とは言うな。」で、つまり「弱音をはくな！」の意味になります。「悲観するな。」「絶望するな。」→「しっかりしなさい。」といった気持ちを込めて、人をはげますのに使われる表現です。

Pattern 61

動詞の原形, **please**. / **Please** + 動詞の原形.
「〜してください。」

基本例文 Close the door, **please**.
「ドアを閉めてください。」

① Do this, **please**.
これをやってください。

② Come here, **please**.
ここへ来てください。

③ Pass me the salt, **please**.
塩をとってください。

④ Say that again, **please**.
もう一度言ってください。

⑤ Hold on, **please**. / Hold the line, **please**.
切らずにお待ちください。〈電話で〉

⑥ **Please** take a seat.
座ってください。

⑦ **Please** come again.
またおいでください。

⑧ **Please** forgive me.
どうか許してください。

⑨ **Please** listen to me.
私の話を聞いてください。

⑩ **Please** speak more slowly.
もう少しゆっくり話してください。

Pattern 61

ポイント

- 通常、「命令文」は「動詞の原形」で始まり、「～しなさい。」という命令口調の表現ですが、命令文の文頭または文末に "please" をつけ "動詞の原形, **please**." や "**Please** ＋動詞の原形." の形にすると、「～してください。」という丁寧な「命令」の仕方、つまり「依頼」の表現になります。

- "please" は文尾では上がり調子に言われることが多く、文頭の場合と比べると、親しみがこもり、くだけた感じになります。

発 展

- "～, please." や "Please ～." は、簡単で、日常生活の中で非常によく使われる表現ですが、場面によって、より丁寧に言う必要があるときは、"**Would you** ＋動詞の原形？"（→パターン 44）や "**Could you** ＋動詞の原形？"（→パターン 45）などの「疑問形」を使います。

    Would［**Could**］**you** open the door?
    「ドアを開けていただけますか？」

- 命令文の調子をやわらげるには "please" を使う以外にも、命令文の後に "will you?" などを付けて「付加疑問文」にした、"**命令文～, will you?**" の形も、日常的によく使われます。

    Open the window, **will you**［**won't you**］?
    「窓を開けてください。」

    Don't forget, **will you**?
    「忘れないでください。」

Pattern 62

名詞, **please**.
「〜をください。」「〜をお願いします。」

基本例文 Orange juice, **please**.
「オレンジジュースをください。」

① This one, **please**.
これをください。

② Two coffees, **please**.
コーヒーを2つください。

③ Some more milk, **please**.
ミルクをもう少しください。

④ One ticket to New York, **please**.
ニューヨークまでの切符を1枚ください。

⑤ Check [Bill], **please**.
お勘定をお願いします。

⑥ Discount, **please**.
値引きしてください。

⑦ Cash, **please**. / Charge, **please**.
現金で支払います。／カードで支払います。

⑧ For here, **please**. / To go, **please**.
ここで食べます。／持ち帰りにします。

⑨ Non-smoking, **please**. / Smoking, **please**.
禁煙席をお願いします。／喫煙席をお願いします。

⑩ Just a moment [One moment], **please**.
少々お待ちください。〈電話や受付などで〉

Pattern 62

ポイント

○ 「欲しいもの」や「頼みたいこと」に"please"をつけた、"名詞, **please**."の形は、「〜をください。」「〜をお願いします。」の意味で、欲しいものや、やって欲しいことを「要求」するときの簡単な表現になります。

○ "〜, please."は、お店やレストランなどで、「〜をください。」「〜をお願いします。」と注文をするときによく使われます。

○ "〜, please."は、「要求」だけでなく、「お願い」など、ものごとを丁寧に表現する様々な場面で使われます。

This way, please.「こちらへどうぞ。」
Attention, please.「お知らせいたします。」
No noise, please.「お静かに願います。」

発 展

○ "名詞, please"以外にも、欲しいものを「要求」するときの表現には、"**I want** +名詞."「〜が欲しい。」、"**I would like** +名詞."「〜が欲しいです。」(→パターン 52) などがあります。お店での注文など、短い表現で用が足りるときは、"〜, please."でまったく問題ありませんが、目上の人に対する場合など、丁寧に言う必要があるときは、"I would like 〜."を使います。

語句と表現

☞【例文 ②】"**tea**"や"**coffee**"などの「飲み物」は、通常「数えられない名詞」なので、"a cup of tea"「1 杯のお茶」、"two cups of coffee"「2 杯のコーヒー」のように言います。ただし、レストランなどで「お茶を1つ」のように注文すると

きは "a tea"（この場合の "tea" = "a cup of tea"）、"two coffees."「コーヒーを2つ」のように「数えられる名詞」として扱われることもあります。

Three teas, please.「お茶[紅茶]を3つお願いします。」

☞【例文 ⑤】欧米では、レストランなどでの会計は、"**Check [Bill], please**." と言って「伝票」（=《米》"check"、《英》"bill"）をとりよせ、それを見てテーブルで支払いを済ませるのが一般的です。

☞【例文 ⑦】名詞 "charge" には「料金」の意味の他に、「つけ（クレジット）」の意味があり、店で "**Charge, please**." と言うと「カードで払います。」の意味になります。また、店員が "**Cash or charge?**" と言うと「（お支払いは）現金ですか、カードですか？」とたずねる表現になります。

☞【例文 ⑧】ファーストフードの店などで、店内で食べたいときは "**For here, please**."、持ち帰りにしたいときは "**To go, please**." と言います。反対に店員は、"**For here or to go?**"「こちらでお召し上がりですか、それともお持ち帰りですか？」などのようにたずねます。

Pattern 63

Let me + 動詞の原形.
「～させてください。」「～いたしましょう(か)。」

基本例文

Let me help you.
「手伝わせてください。」「お手伝いしましょうか?」

① **Let me** do it.
　私にやらせてください。／私がそれをやりましょう。

② **Let me** give it a try.
　私にちょっとやらせてみてください。

③ **Let me** think about it.
　それについては考えさせてください。

④ **Let me** see.
　見せて。／ええと。

⑤ **Let me** have a look at it.
　ちょっとそれを見せてください。

⑥ **Let me** carry your baggage [luggage] for you.
　あなたの荷物をお持ちしましょう。

⑦ **Let me** pay for this.
　これは私に払わせてください。

⑧ **Let me** buy you a drink.
　私に1杯おごらせてください。

⑨ **Let me** introduce myself.
　自己紹介させてください。

⑩ **Let me** go.
　行かせてください。／放してください。

> ポイント

- ✪ "**Let me ～.**"は「(私に)～させてください。」と自分に何かをさせることを、相手に「依頼」する一種の「命令文」(間接命令→命令の内容が「聞き手」を通じて間接的に "me"(私)に向けられる)です。「(私が)～いたしましょう(か)。」と、自分が何かをすることを申し出る意味でも使われます。
- ✪ "let"は「使役動詞」で、"let + A +動詞の原形"の形で「Aに～させる」というのが基本の意味です。動詞が使役動詞のとき、"～"の部分には動詞の原形(原形不定詞)が入ります。

> 発 展

- ✪「～させる」の意味をもつ「使役動詞」(→パターン20)には "let" の他に "make" "have" などがあります。"make" が「(強制的に)～させる」という意味なのに対し、"let" は「～するのを許す」「～するのを阻止しない」といった意味で、"allow" と似た意味になります。また、"let" は「原形－過去形－過去分詞」がすべて "let" と変化しない動詞です。

    Just **let** him help you. (原形－命令文)
    「まあ彼に手伝わせてみなさい。」
    I **let** him go. (過去形)
    「私は彼を行かせた[放してやった]。」
    I was **let** (to) see her. (過去分詞－受動態)
    「私は彼女に会わせてもらった。」
    ※ "let" の受動態はごくまれで、代わりに "be allowed [permitted] to ～"「～するのを許される」が使われます。
    例文→ I was allowed to see her.

Pattern 63

語句と表現

☞【例文 ④】"**Let me see.**" は「私に見せて。」の他に、思案の途中や疑いを持っているときなどに「ええと。」「そうですね。」「まてよ。」といった感じで使われます。"**Let's see.**" も同じ意味で使われます。

　　Let me see, where did I put it?
　　「ええと、私はそれをどこに置いたかなぁ？」

☞【例文 ⑤】"*a* look" は名詞で「一見」「ひと目」の意味で、"**have [take] a look at** ～" の形で「～をちょっと[ひと目]見る」となります。

☞【例文 ⑨】"**Let me introduce myself.**" は、初対面のあいさつなどで、「自己紹介させてください。」と言うときの表現です。他に "**I'd like to introduce myself.**" や "**May I introduce myself?**" という言い方もあります。また、"**Let me introduce you.**" と言えば「あなたを(他の誰かに対して)紹介させてください。」という意味になります。

☞【例文 ⑩】"**Let me go.**" には「行かせて。」の他に、「(手などを)放して。」の意味があります。

Pattern 64

Let's + 動詞の原形.
「〜しましょう。」

基本例文 ## Let's go for a drive.
「ドライブに行きましょう。」

① **Let's** go to the movies.
映画に行きましょう。

② **Let's** go to the beach.
海に行きましょう。

③ **Let's** go home.
家に帰りましょう。

④ **Let's** take a walk.
散歩をしましょう。

⑤ **Let's** take a ten-minute break.
10分間休憩しましょう。

⑥ **Let's** play cards.
トランプをしましょう。

⑦ **Let's** eat out tonight.
今夜は外で食事しましょう。

⑧ **Let's** get to work.
仕事［勉強］にとりかかりましょう。

⑨ **Let's** not be late.
遅れないようにしましょう。

⑩ **Let's** have a drink, shall we?
（お酒を）飲みましょうよ。

Pattern 64

(ポイント)

- ✪ "**Let's ～.**"は「～しましょう。」と、相手に何かすることを「提案」「勧誘」する表現です。

- ✪ "Let's ～."は "Let us ～." (→発展参照)を短縮した形ですが、「提案」「勧誘」の意味では、普通、"Let's ～."の形を使います。

- ✪「否定形」は、"**Let's not** +動詞の原形."で、「～しないようにしましょう。」の意味です。《英》口語ではよく "**Don't let's** +動詞の原形."、《米》口語では時々 "**Let's don't** +動詞の原形."の形も使われます。

    Let's not worry.「くよくよするのはよしましょう。」
    = **Don't let's** worry.《英》
    = **Let's don't** worry.《米》

- ✪ "Let's ～."に対する返事は、"**Yes, let's.**"「はい、そうしましょう。」、"**No, let's not.**"「いいえ、よしましょう。」などが使われます。"No"の返事の後には、よく "I'm busy."「忙しいです。」、"I have another appointment."「他の約束があります。」など、「断る理由」を述べる文が続きます。

(発　展)

- ✪ "Let's ～."の「付加疑問文」は、"shall we"を使って、"**Let's ～, shall we?**"「～しましょうよ。」となります。付加疑問文は、相手に「確認」または「同意」を求めることを目的とする疑問文で、語調がやわらかくなります。

    Let's go for a walk, **shall we**?
    「散歩に行きましょうよ。」

- ✪ "**Let us ～.**"の形では、①「私たちに～させてください。」とい

う「許可を求める」意味を表す場合と、② "Let's ～." と同じく「～しましょう。」という「提案」「勧誘」の意味を表す場合とがあります。ただし、後者の「～しましょう。」の意味を表す場合は、口語では通常 "Let's ～." を使い、"Let us ～." を使うのは文語的（たとえば、牧師が使う "Let us pray."「それでは祈りましょう。」など限られた場合のみ）です。

- 許可を求める： **Let us** go.「私たちを行かせてください。」
  ↑この形で「提案」「勧誘」（行きましょう。）の意味を表すのは文語的。

- 提案・勧誘： **Let's** go.「行きましょう。」
  ↑この形は「許可を求める」意味には使われない。

語句と表現

☞【例文 ②】休暇などで「海へ（遊びに）行く」という場合は、普通、"go to the sea" ではなく、"beach"（浜）や "seaside"（海岸）などを使って、"**go to the beach**" "**go to the seaside**" などと言います。特に「海水浴」を強調して「海に泳ぎに行く」と言いたい場合は、"**go swimming in the sea [ocean]**" を使います。

☞【例文 ⑥】日本語の「トランプ」にあたる英語は "cards" で、「トランプをする」は "**play cards**" と言います。

Part 5
疑問詞を使った表現

Pattern 65

What 〜?
「何が [に／を] 〜ですか？」

基本例文 **What** do you want to do?
「あなたは何をしたいのですか？」

① **What** happened?
何が起きたのですか？／どうしたの？

② **What** makes you think so?
あなたはなぜそう考えるのですか？

③ **What** has brought you here?
あなたは何のご用でここへいらっしゃったのですか？

④ **What** do you think (of it)?
（それを）どう思いますか？

⑤ **What** do you mean? / **What** does it mean?
どういう意味ですか？

⑥ **What** did you say?
何と言ったのですか？

⑦ **What** do you do?
あなたの仕事［職業］は何ですか？

⑧ **What** do you recommend?
何がおすすめですか？

⑨ **What** would you like to drink?
何をお飲みになりますか？

⑩ **What** are you looking for?
何を探しているのですか？

Pattern 65

ポイント

- 疑問詞 **"what"** は「何？」と「もの」についてたずねるときに用いられます。"what" は代名詞の働きをするので「疑問代名詞」と呼ばれ、文のなかで「主語」「補語」「目的語」のいずれにもなります。

- "what" など、疑問詞を使う疑問文（特別疑問文）では、文頭に疑問詞を置き、その後は「V + S」の「一般疑問文」（→発展）と同じ語順になります。ただし、疑問詞が「主語」になる場合は「S（疑問詞）+ V」の「平叙文」と同じ語順です。

　　What happened to him?（主語）
　　「彼に何が起こったのですか？」
　　What is this?（主格補語）
　　「これは何ですか？」（"What is ～?" →パターン66）
　　What do you want?（動詞の目的語）
　　「何がほしいのですか？」
　　What is this table made of?（前置詞の目的語）
　　「このテーブルは何でできていますか？」

発 展

- 疑問詞には文のなかで「代名詞」の働きをして「主語」「補語」「目的語」になる「**疑問代名詞**」（what, who, which）と、「副詞」の働きをして修飾語になる「**疑問副詞**」(when, where, why, how) とがあります。また、"what" と "which" には代名詞だけでなく、名詞の前につけられて「形容詞」として働く用法もあり、この場合は「**疑問形容詞**」と呼ばれることもあります（"what" の「疑問形容詞」としての用法は →パターン67）。

✪ 疑問文には次のような種類があります。

- **一般疑問文**：疑問詞を用いず、"yes" "no" で答えられる疑問文。
- **特別疑問文**：疑問詞を用いて、"yes" "no" では答えられない疑問文。
- **選択疑問文**："A or B" の形で、2つ（以上）の中から答えを選ばせる疑問文。
- **付加疑問文**：相手に念を押したり、同意を求めたりする文。

語句と表現

☞【基本例文】"**What do you want to do?**" は「あなたは何をしたいのですか？」の意味です。"**What do you want?**" だと「あなたは何を望んでいるのですか？」「何が欲しいのですか？」の意味で、「何の用？」ときくときにも使われますが、この場合、少しぶっきらぼうな感じになります。

☞【例文 ②③】これらの文では "what" という「無生物」が「主語」になっています。英語では、このような「無生物主語」の文が多くありますが、日本語に訳すときは、「人」を主語にして、この無生物主語（この場合 "what"）は「副詞的」に訳すと自然な場合が多くあります。

　　What makes you think so? = Why do you think so?
　　「あなたはなぜそう考えるのですか？」

☞【例文 ⑦】"**What do you do?**" は相手の「職業」をたずねる表現です。直接的な言い方なので、丁寧にたずねたいときは、"**May I ask what your occupation is?**"（直訳：あなたのご職業を伺ってもいいですか？）などを使います。

Pattern 66

What is 〜?
「〜は何ですか？」

基本例文 **What is** this?
「これは何ですか？」

① **What's** your name?
あなたの名前は何て言うの？

② **What's** the time?
（今）何時ですか？

③ **What's** the date today? / **What's** today's date?
今日は何日ですか？

④ **What's** new?
何か変わったことはない？／最近どう？

⑤ **What's** up?
どうしたのですか？／最近どう？

⑥ **What's** the matter?
どうかしたのですか？

⑦ **What's** your opinion?
あなたのご意見は？

⑧ **What's** on your mind?
何を考えているの？

⑨ **What is** this for?
これは何に使うのですか？

⑩ **What's** yours?
あなたは何にする？／何を飲む［食べる］？

(ポイント)

○ "**What is ~?**" は「～は何ですか？」と、何か「もの」についてたずねる表現です。この形には、あいさつに使われる表現など、決まり文句になっているものが多くあります。

○ "What is ~?" は、会話ではよく "**What's ~?**" と省略形で話されます。

(発　展)

○ "what" は、主に「物事」について用いられますが、「人」にも、「何者」「どんな人」のように用いられます。

What is he?「彼は何をしている[どこの国の]人ですか？」

↑人について、「職業」「地位」「国籍」などをたずねる時に使われる表現。返事は "He is a teacher."「彼は教師です。」や、"He is a Frenchman."「フランス人です。」など。ただし、これは彼の何を聞いているのか多少あいまいな表現で、次のようにきく方が明確。
(職業) What does he do? / What is his job [occupation / profession]?
「彼の職業は何ですか？」
(国籍) What nationality is he? / What is his nationality?
「彼の国籍はどこですか？」

(語句と表現)

☞【例文 ①】"**What's your name?**"「あなたの名前は何ですか？」や、"**Who are you?**"「あなたは誰？」は、直接的で、あまり丁寧な言い方ではありません。相手の名前を丁寧にたずねたいときは "**May I ask [have] your name?**"「お名前を伺えますか？」を使います。また、受付などで、係の人が客に名前をきくときは、"**What name shall I say?**" や "**What name, please?**" なども使われます。

Pattern 66

☞【例文 ④】 "**What's new?**" は、「何か変わったことはない？」の意味で、親しい人とのあいさつなどで使われる表現です。返事で、「特に何もない。」と言うときは、"**Nothing much [special].**" "**Nothing in particular.**" などと答えます。

☞【例文 ⑤】 "**What's up?**" は、「何事（が起こったの）ですか？」「どうしたのですか？」といった意味です。この "up" は何か事が「起こって」「持ち上がって」の意味です。"**What's up with your car?**"「あなたの車はどうかしたの？」のような使い方もあります。また、「何か変わったことはない？」「最近どう？」の意味で、"What's new?" と同様、親しい人とのあいさつとしても使われます。

☞【例文 ⑥】 名詞 "matter"（事柄）は、"the" をともなって「困ったこと」「面倒なこと」といった意味を表します。"**What's the matter?**" の形で「どうかしたのですか？」「どこか具合が悪いのですか？」「何か面倒が起こったのですか？」とたずねる表現になります。"**What's wrong?**" や "**What's the problem?**" も同じような意味で使われます。また、"**What's the matter [wrong] with you?**" と言うと「（あなたは）どうしたのですか？」と、相手の具合の悪いところをきく表現になりますが、「あなたはどうかしているんじゃないか？」ととがめるニュアンスが込められる場合もあります。返事は "**I don't feel well.**"「気分が悪いのです。」、"**Nothing is the matter (with me).**"「（私は）どうもしません。」などです。

☞【例文 ⑩】 "**What's yours?**" はレストランなどで、「あなたのオーダーは何ですか？」とたずねる、くだけた表現です。

Pattern 67

What + 名詞 + …?

「…はどんな〜ですか？」

「どんな〜を[が]…ですか？」

基本例文 **What** kind of food do you like?
「どんな種類の食べ物が好きですか？」

① **What** size is it?
それはどのくらいの大きさですか？

② **What** floor is the office on?
事務所は何階にありますか？

③ **What** year [grade] are you in?
あなたは何年生ですか？

④ **What** day (of the week) is it today?
今日は何曜日ですか？

⑤ **What** day of the month is it today?
今日は何日ですか？

⑥ **What** movie do you want to see?
どの映画が観たいですか？

⑦ **What** language do they speak in Switzerland?
スイスでは何語を話していますか？

⑧ **What** number are you calling?
何番におかけですか？〈間違い電話で〉

⑨ **What** kind of wine do you have?
どんな種類のワインがありますか？

⑩ **What** sort of books do you usually read?
あなたはいつもどんな本を読んでいますか？

Pattern 67

(ポイント)

○ "what ＋名詞" で始まる疑問文 "**What** ＋～（名詞）＋ …?" の形は「…はどんな～ですか？」「どんな～を[が]…ですか？」の意味を表します。

○ この "what" は、名詞の前について、名詞を修飾する「形容詞」として働くので、「疑問形容詞」と呼ばれることもあります（"what" の「疑問代名詞」としての用法は →パターン 65）。

(語句と表現)

☞【例文 ③】"**What year [grade] are you in?**" は学校での「学年」をたずねる表現です。日・米・英では、学校の学年制度が異なるので、厳密ではありませんが、"grade" は「小学校」に使われ、それ以外では "year" を使います。《米》での大学の学年の言い方は下のとおりで、上の質問には、たとえば "I'm a freshman."「私は 1 年生です。」のように答えます。

　　1 年生： freshman　　2 年生： sophomore
　　3 年生： junior　　　4 年生： senior

☞【例文 ④⑤】「曜日」や「日付」をたずねる場合、「曜日」には "day of the week" を使い、"**What day (of the week) is it today?**"「今日は何曜日ですか？」、「日付」には "day of the month" を使い、"**What day of the month is it today?**"「今日は何日ですか？」とききます。"**What day is (it) today?**" の直訳は「今日は何の日ですか？」となり、「日付」をきいているようにも思えてしまいますが、英語で "what day?" とききたら、通常「曜日」のことをさします。"What day of the week is it today?" は、特に「曜日」だということをはっき

りさせたいときに使います。これに対して、「今日は何日ですか？」は "What day of the month is it today?" の他に、"date" を使って、"**What's today's date**?" "**What's the date (today)**?" などの言い方が一般的です。（→パターン34）

☞【例文 ⑨⑩】"**What kind [sort] of** + 名詞 + … ?" の形は「どんな種類の～が…ですか？」の意味で、よく使われる形です。

Pattern 68

What time 〜?

「何時に〜ですか？」「何時に〜しますか？」「〜は何時ですか？」

基本例文

What time is it (now)?

「今何時ですか？」

① **What time** is it now in London?
ロンドンは今何時ですか？

② **What time** is the next train?
次の列車は何時ですか？

③ **What time** are you coming home?
帰宅は何時ですか？

④ **What time** do you get up?
あなたは何時に起きますか？

⑤ **What time** do you open [close]?
何時に開き [閉まり] ますか？〈店などに対して〉

⑥ **What time** does it start [begin]?
それは何時からですか？

⑦ **What time** shall we leave?
何時に出ましょうか？

⑧ **What time** shall we meet?
何時に会いましょうか？

⑨ **What time** will we arrive in Tokyo?
東京には何時に着きますか？

⑩ **What time** can I make a reservation?
何時に予約できますか？

(ポイント)

○「時間」についてたずねるときは、"**What time ~?**" の形で、「何時に~ですか？」「何時に~しますか？」「~は何時ですか？」とききます。

○単に「何時ですか？」と「(現在)時刻」をたずねるときは、"**What time is it?**" を使い、返事には "**It is [It's] ~.**"「~時です。」の形で答えます。(→パターン34)

○"**What time** + 助動詞(do など) + **S** + 動詞の原形~?"「Sは何時に~しますか？」の質問には、下の例のように、"at" を使って「…時に~します。」と答えます。

What time do you usually go to bed?
「あなたは普段何時に寝ますか？」

(I usually go to bed) **At** eleven.「11時です。」

(語句と表現)

☞【基本例文】"**What time is it (now)?**" は「(今)何時ですか？」と、「時刻」をたずねる基本的な表現です。動詞が現在形 (is) であることから、特に強調したいとき以外は "now" をつける必要はありません。"**What's the time?**" と言っても同様の意味です。また、同じく現在時刻をたずねる表現には、"have" を使った、"**What time do you have?**" "**Do you have the time?**" などがあり、これらは「あなたの時計では何時ですか？」といった感じのきき方です。

☞【例文 ⑤】"**What time do you open [close] (your store)?**" は「ここ(この店)は何時に開き[閉まり]ますか？」の意味で、お店や各種施設の人に「開店時間」や「閉店時間」を

Pattern 68

たずねるのに使われる表現です。答え方は "**We open [close] (our store) at** nine."「(当店は)9時に開店[閉店]します。」、"**We are open (from)** ten a.m. **through** eight p.m."「午前10時から午後8時まで営業しています。」、"**Our business hours are from** eleven a.m. **to** nine p.m."「営業時間は午前11時から午後9時までです。」などです。

Pattern 69

Which ~?

「どれ [どちら] が [に／を] ~ですか？」

基本例文 # Which do you like best?
「どれがいちばん好きですか？」

① **Which** is better?
どちらがいいですか？

② **Which** is correct?
どれ [どちら] が正しいのですか？

③ **Which** is your umbrella?
どれ [どちら] があなたの傘ですか？

④ **Which** is the cheapest one?
いちばん安いのはどれですか？

⑤ **Which** would you like?
どれ [どちら] がよろしいですか？

⑥ **Which** of them is your teacher?
彼らのうち、どの人があなたの先生ですか？

⑦ **Which** of them can sing better?
彼らのうち、どちらが上手く歌えますか？

⑧ **Which** of these do you prefer?
これらのうち、どれ [どちら] が好きですか？

⑨ **Which** of these cars do you like best?
これらの車の中で、どれがいちばん好きですか？

⑩ **Which** of the two books did you like better?
その2冊の本のうち、どちらが好きでしたか？

> ポイント

- 疑問詞 "**which**" は「どれ？」「どちら？」とたずねるときに用いられ、文の中で「主語」「補語」「目的語」のいずれにもなります。「代名詞」の働きをするので「疑問代名詞」と呼ばれます。

    Which of them runs faster?（主語）
    「彼らのうち、どちらが速く走りますか？」
    Which is the right road?（主格補語）
    「どちらが正しい道ですか？」
    Which of these flowers do you like best?（動詞の目的語）
    「これらの花のうち、どれがいちばん好きですか？」
    Which are you talking about?（前置詞の目的語）
    「あなたは、どれのことについて話しているのですか？」

- "which" は「物」にも「人」にも用いられます。

    Which are your books?「どれがあなたの本ですか？」
    Which are your parents?「どの人があなたのご両親ですか？」

- 普通、限られた範囲の中から「どれ？」「どちら？」という「選択」をたずねる場合に "**which**" が用いられ、範囲が限定されず不特定のものの中から漠然と「何？」とたずねる場合には "**what**"（→パターン65・66）が使われます。

    What did you buy?「何を買ったの？」
    Which (of those) did you buy?「(あれらのうち)どれを買ったの？」

- 「～の中でどれ[どちら]が」のように、「選択の範囲」を示す場合は "**of**" を使い、"**which of** ＋名詞／代名詞の複数形" の形を使います。

Pattern 70

Which + 名詞 + …?
「どの [どちらの] ～が [に／を] …ですか？」

基本例文 **Which** season do you like best?
「どの季節がいちばん好きですか？」

① **Which** one?
どれ？

② **Which** boy is older?
どちらの男の子の方が年上ですか？

③ **Which** girl won the first prize?
どの女の子が1等をとったのですか？

④ **Which** street goes to the station?
どの通りが駅へ通じていますか？

⑤ **Which** train leaves first?
どちら [どの] の電車が先 [最初] に出ますか？

⑥ **Which** one do you like?
あなたが好きなのはどれですか？

⑦ **Which** restaurant do you recommend?
どのレストランがあなたのおすすめですか？

⑧ **Which** bus should I take to go to Cambridge?
ケンブリッジへ行くにはどのバスに乗ればいいのですか？

⑨ **Which** department do you work for?
どちらの部署にご所属ですか？

⑩ **Which** Suzuki would you like to talk to?
どちらの鈴木におかけ [ご用] でしょうか？〈電話などで〉

Pattern 70

ポイント

- ❂ "which +名詞"で始まる疑問文 "**Which** + 〜（名詞）+ …?" の形は「どの[どちらの]〜が[に／を]…ですか？」の意味になります。

- ❂ この "which" は、後ろの名詞を修飾する「形容詞」として働き、「疑問形容詞」と呼ばれることもあります（"which" の「疑問代名詞」としての用法は →パターン69）。

発　展

- ❂ 疑問詞を使う疑問文（特別疑問文）の語順

  疑問詞は常に文頭におかれますが、その後は疑問詞（または「疑問詞＋名詞」）が、主語かそうでないかで語順が変わります。

  - 疑問詞が「主語」の場合
    → 「平叙文」（S + V）と同じ語順

    『**S**（疑問詞）+ **V** 〜?』

    　　　　修飾
    　　　　↓
    形容詞　名詞
    Which boy won the race?（主語）
    　　S　　　V　　O
    「どの少年が競走に勝ったのですか？」

  - 疑問詞が「主語以外」（目的語・補語・修飾語）の場合
    → 文頭に疑問詞を置き、その後は「一般疑問文」（V + S）と同じ語順

    『疑問詞＋助動詞(do, will など)＋ **S** ＋ 動詞の原形 〜?』
    『疑問詞＋ **be** 動詞＋ **S** 〜?』

Which book do you want?（目的語）
　　 O 　　　 v' 　S 　　v

「あなたはどの本が欲しいのですか？」

語句と表現

☞【例文 ①】"**Which one?**"は簡単に「どれ？」とたずねるときの表現です。"one"は「a ＋数えられる名詞の単数形」の代用や、「同じ種類のうちの任意の1つ」を指すのに使われる語です。

　　A： I want that one. 「私はあれが欲しいです。」
　　B： Which one? 　　　「どれ？」
　　A： That red one. 　　「あの赤いのです。」

☞【例文 ⑧】"**Which bus [train] should I take (to go) to** ＋地名?"「〜へ行くにはどのバス［電車］に乗ればいいのですか？」は、簡単に、"**Which bus [train] goes to** ＋地名?"「どのバス［電車］が〜へ行きますか？」のようにきくこともできます。

☞【例文 ⑩】"**Which *Suzuki* would you like to talk to?**"は、電話で、鈴木さんが2人(以上)いるところへ、"**May I speak to *Mr. Suzuki*?**"「鈴木さんをお願いします。」のようにかかってきた場合に、「どの鈴木さんあてか？」を確認するときに使われる表現です。

Pattern 71

Which 〜, A or B ?

「AとBのどちらが[に/を]〜ですか?」

基本例文 **Which** do you like better, cats **or** dogs?
「猫と犬のどちらが好きですか?」

① **Which** is your umbrella, this one **or** that one?
こちらとあちらのどちらがあなたの傘ですか?

② **Which** is larger, the earth **or** the moon?
地球と月ではどちらが大きいですか?

③ **Which** is younger, Jack **or** John?
ジャックとジョンではどちらが若い[年下]ですか?

④ **Which** is taller, you **or** Mary?
あなたとメアリーではどちらが背が高いですか?

⑤ **Which** runs faster, a lion **or** a tiger?
ライオンとトラではどちらが速く走りますか?

⑥ **Which** travels faster, light **or** sound?
光と音ではどちらが速いですか?

⑦ **Which** do you like better, summer **or** winter?
夏と冬ではどちらが好きですか?

⑧ **Which** do you prefer, classical music **or** popular music?
クラシック音楽とポピュラー音楽のどちらが好きですか?

⑨ **Which** would you like, bread **or** rice?
パンとライスのどちらになさいますか?

⑩ **Which** do you find more difficult, physics **or** mathematics?
物理と数学ではどちらが難しいと思いますか?

> ポイント

- ✪ "**Which** ～, **A or B**?" は「AとBのどちらが[に/を]～ですか?」の意味で、AとBの2つのものや人を比べたり、どちらかを選ばせる表現です。
- ✪ "Which ～, A or B?" は、疑問詞を用いる疑問文「特別疑問文」と「選択疑問文」(→発展) の結びついた形です。
- ✪ "Which ～, A or B?" の形でも、"which" は「疑問代名詞」(→パターン69)、「疑問形容詞」(→パターン70) の両方の使われ方をします。

    Which do you prefer, tea **or** coffee?
    「紅茶とコーヒーではどちらがいいですか?」(疑問代名詞)
    Which book do you prefer, this **or** that?
    「こちらとあちらではどちらの本が好きですか?」
    (疑問形容詞:後に続く名詞 (book) を修飾)

> 発 展

- ✪ 選択疑問文

    「選択疑問文」は、"A or B" の形で2つ(以上)のものの中から1つを選ばせる疑問文で、"yes" "no" では答えられません。

    Do you go to school on foot **or** by bus?
    「あなたは学校へ歩いて行きますか、それともバスで行きますか?」
    I go on foot.「歩いて行きます。」

Pattern 72

Who ～?
「誰が～ですか？」

Who is ～?
「～は誰ですか？」

基本例文 ## Who is that man?
「あの男の人は誰ですか？」

① **Who** said so?
誰がそう言ったのですか？

② **Who** painted this picture?
誰がこの絵を描いたのですか？

③ **Who** broke the flower vase?
誰が花びんを壊したのですか？

④ **Who** cares?
誰がかまうものか？

⑤ **Who** is calling [this / that], please?
どちら様ですか？〈電話で〉

⑥ **Who is** it [that]?
どなたですか？〈ドアの向こうにむかって〉

⑦ **Who** was that on the phone?
電話の人は誰でしたか？／電話は誰からでしたか？

⑧ **Who is** the girl standing over there?
向こうに立っている女の子は誰ですか？

⑨ **Who is** your favorite actor?
あなたのいちばん好きな俳優は誰ですか？

⑩ **Who** is she like?
彼女は誰に似ていますか？

> ポイント

- ✪ 疑問詞 "**who**" は「誰?」と「人」についてたずねるときに用いられます。"who" は代名詞の働きをするので「疑問代名詞」と呼ばれ、文の中で、「主語」「補語」「目的語」のいずれにもなります。

- ✪ 疑問代名詞の "who" には、「主格」の "**who**"「誰が?」、「所有格」の "**whose**"「誰の?」(→パターン73)、「目的格」の "**whom**"「誰に[を]?」(→パターン73) の形があります。文の中での「誰」の部分の役割(主語・目的語・修飾語など)に応じて使い分けられます。

    - 主　格: **Who** uses this car?（主語）
        「誰がこの車を使いますか?」
    - 所有格: **Whose** car is this?（修飾語:疑問形容詞）
        「これは誰の車ですか?」
    - 目的格: **Who**(**m**) did you meet?（目的語）
        「あなたは誰に会いましたか?」

- ✪ "who" など、疑問詞を使う疑問文（特別疑問文）では、文頭に疑問詞を置き、その後は「V + S」の「一般疑問文」と同じ語順になります。ただし、疑問詞が「主語」の場合は「S(疑問詞)+ V」の「平叙文」と同じ語順になります。

- ✪ 「〜は誰ですか?」とたずねる場合は、「be動詞」を使い、"**Who is** + 人?" の形にします。"who" は「名前」だけでなく、「身元」「身分」「続柄」など、その人が「どういう人か」をたずねるのにも使われます。

    Who is he?「彼は誰ですか?」
    （名前）He is Mr. White.「彼はホワイトさんです。」
    （続柄）He is my uncle.「彼は私のおじです。」

Pattern 72

(語句と表現)

☞【例文 ④】"**Who cares?**" は「誰がかまうものか？（いや、誰もかまわない。）」のように、疑問文の形をとりながら、相手に答えを求めるのではなく、自分の考えを「反語的」に述べる表現です。このような疑問文を「修辞疑問文」と呼びます。

Who knows?「誰に分かろうか？（いや、誰にも分からない。）」

☞【例文 ⑤】"**Who is calling [this / that], please?**" は、電話がかかってきたときに、相手に「どちら様ですか？」とたずねる表現です。"this" は主に《米》で、"that" は主に《英》で使われます。また、"**Who is speaking, please?**" や "**Who am I speaking to, please?**" も同じ意味で使われます。

☞【例文 ⑥】"**Who is it [that]?**" はドアがノックされたときの返事として、「誰？」ときくときに使われます。これに対して、「私です。」と簡単に答えるときは "**It's me.**" と言います。"**Who are you?**" は「お前は誰[何者]だ？」となり、かなり直接的で失礼な表現になるので、通常の会話ではあまり使いません。

Pattern 73

Whose ～?
「誰の～ですか？」

Whom ～?
「誰に[を]～ですか？」

基本例文 **Who(m) do you like best?**
「誰をいちばん好きですか？」

① **Whose** is this bicycle?
この自転車は誰のものですか？

② **Whose** coat is this?
これは誰のコートですか？

③ **Whose** idea is it?
それは誰の発案ですか？

④ **Whose** fault is that?
それは誰のせいですか？

⑤ **Who(m)** did you visit yesterday?
昨日誰を訪ねたのですか？

⑥ **Who(m)** do you like better, Ichiro or Jiro?
一郎と二郎のどちらが好きですか？

⑦ **Who(m)** are you looking for?
あなたは誰を捜しているのですか？

⑧ **Who(m)** would you like to speak to?
誰におかけ[ご用]ですか？〈電話などで〉

⑨ **Who(m)** does this belong to?
これは誰のですか？

⑩ To **whom** did you give the book?
誰にその本をあげたのですか？

Pattern 73

ポイント

- ✪ "**whose**" は、"who" の「所有格」（主格 →パターン72）で、「誰の？」とたずねるときに用いられます。"whose" は、「疑問形容詞」（後に続く名詞を修飾する）としても、また、単独で「疑問代名詞」としても使われます。
  - 疑問形容詞："whose ＋名詞"「誰の～」
    Whose umbrella is this?「これは誰の傘ですか？」
  - 疑問代名詞："whose"「誰のもの」
    Whose is this umbrella?「この傘は誰のものですか？」

- ✪ "**whom**" は、同じく "who" の「目的格」で、「誰に？」「誰を？」とたずねるときに用いられます。通常、口語では「動詞の目的語」や「後置される前置詞の目的語」になる場合、"whom" のかわりに "who" の形が使われます。
  - 「動詞」の目的語： **Who(m)** do you want to see?
    「誰に会いたいのですか？」
  - 「前置詞」の目的語：① 疑問代名詞 … ＋前置詞？
    Who(m) are you waiting for?
    ② 前置詞＋疑問代名詞…？（←文語的）
    For **whom** are you waiting?
    「誰を待っているのですか？」

語句と表現

☞【例文 ⑨】"**Who(m) does this belong to?**" の直訳は「これは誰に属するのですか？」で、つまり「これは誰のですか？」の意味になります。同じ意味で、簡単に "**Whose is this?**" と言うこともできます。

Pattern 74

When ～?
「いつ～ですか？」

When is ～?
「～はいつ[何時]ですか？」

基本例文 **When** do you play tennis?
「あなたはいつテニスをしますか？」

① **When** do we start?
いつ出発しますか？

② **When** can I visit you?
いつあなたのところにお伺いしてよろしいですか？

③ **When** does the shop open [close]?
店は何時に開き[閉まり]ますか？

④ **When** did they get married?
彼らはいつ結婚したのですか？

⑤ **When** will you be back?
あなたはいつ戻りますか？

⑥ **When** are you free?
あなたはいつがおひまですか？

⑦ **When** will it be convenient for you?
あなたはいつがご都合がよろしいですか？

⑧ **When is** your birthday?
あなたの誕生日はいつですか？

⑨ **When is** the departure time?
出発時刻はいつですか？

⑩ **When is** the next train for Oxford?
オックスフォード行きの次の電車は何時ですか？

Pattern 74

> ポイント

○ 疑問詞 "**when**" は「いつ？」と「時(日付・時間など)」をたずねるときに用いられます。

○ 疑問詞 "when" は、文の中で副詞の働きをし、「疑問副詞」と呼ばれます。

○「～はいつですか？」というように、何かの「日付」や「時間」をたずねる場合は、「be 動詞」を使い、"**When is ～?**" ときぎます。

> 発　展

○「**疑問副詞**」：副詞の働きをする疑問詞
疑問の意味を表す副詞である「疑問副詞」には次の4つがあります。

- **when** ：「いつ？」…「時」をたずねる
- **where** ：「どこに[へ／で]？」…「場所」をたずねる(→パターン 75)
- **why** ：「なぜ？」…「理由」をたずねる (→パターン 76 ～ 78)
- **how** ：「どのように？」「どれほど？」「どんな状態で？」「どうして？」…「方法」「程度」「状態」「理由」などをたずねる (→パターン 79 ～ 85)

○ 疑問詞 "when" は、通常、文の中で「副詞」として働く「疑問副詞」ですが、下の例のように、"when" が前置詞の目的語になっている場合は「疑問代名詞」となります。

　Until [Till] **when** are you going to stay here?
「あなたはいつまでここに滞在しているのですか？」

　Since **when** has she been ill? (= How long has she been ill?)「いつから彼女は病気なのですか？」

Pattern 75

TRACK 75

Where ～?
「どこで[に／へ]～ですか？」

Where is ～?
「～はどこですか？」

基本例文 ## Where do you live?
「あなたはどこに住んでいますか？」

① **Where** can I get a taxi?
どこでタクシーに乗れますか？

② **Where** can I buy tickets?
どこで切符を買えますか？

③ **Where** should I sign?
どこにサインすればいいのですか？

④ **Where** did you go last weekend?
先週末はどこへ行きましたか？

⑤ **Where** will you be tomorrow afternoon?
明日の午後はどこにいますか？

⑥ **Where** are you from?
ご出身はどちらですか？

⑦ **Where is** the entrance [exit]?
入口［出口］はどこですか？

⑧ **Where is** the rest room?
トイレはどこですか？

⑨ **Where is** the nearest bus stop?
一番近いバス停はどこですか？

⑩ **Where** are we [am I]?
ここはどこですか？／私（たち）はどこにいるのですか？

Pattern 75

ポイント

- 疑問詞 "**where**" は「どこで？」「どこに？」「どこへ？」と「場所」をたずねるときに用いられます。

- 疑問詞 "**where**" は、文の中で副詞の働きをし、「疑問副詞」と呼ばれます。ただし、"where" が前置詞の目的語となっている場合は「疑問代名詞」です。

    Where do you come from? (疑問代名詞)
    「どこから来ましたか？」「どちらのご出身ですか？」

- 「～はどこですか？」というように、何かの「場所（どこにあるか）」をたずねる場合は、「be 動詞」を使い、"**Where is ～?**" とききます。

語句と表現

☞【例文 ⑥】"**Where are you from?**" は直訳すると「あなたはどこから(来たの)ですか？」となりますが、「ご出身はどちらですか？」と、相手の「出身地」をたずねる決まり文句です。「出身地」だけでなく「(話している時にいる場所とは別の)現在の本拠地として住んでいる場所」を聞く場合にも用いられます。同じ意味で "**Where do you come from?**" もよく使われます。

☞【例文 ⑩】"**Where are we [am I]?**" は、自分のいる場所が分からないとき、「ここはどこ？」「私(たち)はどこにいるのですか？」と言うときに使います。また、地図などで「現在地はどこですか？」と、相手に場所を指し示してくれるよう頼むときにも使います。

Pattern 76

Why ～?
「なぜ～ですか？」

基本例文 **Why** did you go there?
「なぜあなたはそこへ行ったのですか？」

① **Why** do you think so?
なぜそう思うのですか？

② **Why** do you trust him?
あなたはなぜ彼を信用するのですか？

③ **Why** did you do that?
なぜそんなことをしたのですか？

④ **Why** did you give up smoking?
あなたはなぜたばこをやめたのですか？

⑤ **Why** did she come home early?
なぜ彼女は家に早く帰ってきたのですか？

⑥ **Why** didn't you come to the party?
あなたはなぜパーティーに来なかったのですか？

⑦ **Why** are you crying?
あなたはなぜ泣いているのですか？

⑧ **Why** are you so busy?
あなたはなぜそんなに忙しいのですか？

⑨ **Why** were you late?
なぜあなたは遅れたのですか？

⑩ **Why** were you absent from school yesterday?
なぜあなたは昨日学校を休んだのですか？

Pattern 76

> ポイント

- 疑問詞 "**why**" は「なぜ？」と「理由」をたずねるときに用いられます。
- 疑問詞 "**why**" は、文の中で副詞の働きをし、「疑問副詞」と呼ばれます。
- "why" で始まる「理由」をたずねる疑問文への返事は、通常、"**because**" や "**to**" を使って答えます。
  - "**Because ～.**"：「(なぜならば)～だからです。」(理由)
    Why were you late for school?
    「あなたはなぜ学校に遅れたのですか？」
    　Because I missed the bus.「バスに乗り遅れたからです。」
  - "**To ～.**"：「～するためにです。」(目的)
    Why did you go to the store?
    「あなたはなぜその店に行ったのですか？」
    　To buy some milk.「牛乳を買うためです。」

> 発　展

- "why" と同様に、「理由」をたずねるのには、"**what … for**"（何のために…）を使った言い方もあります。"why" と比べると、"what … for" を使う方が口語的です。

    What did you do that **for**?「なぜそれをしたのですか？」
    = **Why** did you do that?
    What did you go there **for**?「なぜそこへ行ったのですか？」
    = **Why** did you go there?
    We must study English.「私たちは英語を勉強しなくてはならない。」
    　What for?「どうして？」= **Why**?

Pattern 77

Why don't you + 動詞の原形 ?

「～してはどうですか？」「～しませんか？」「～してごらんよ。」

基本例文

Why don't you try again?
「もう一度やってみてはどうですか？」

① **Why don't you** sit down?
座ったら？

② **Why don't you** have some rest?
少し休んだら？

③ **Why don't you** take some medicine?
薬を飲んだら？

④ **Why don't you** see a doctor?
医者に診てもらってはどうですか？

⑤ **Why don't you** try it on?
試着してみてはどうですか？

⑥ **Why don't you** check again with him?
彼にもう一度確認してみてはどうですか？

⑦ **Why don't you** help your mother with her work?
お母さんの仕事を手伝ってはどうですか？

⑧ **Why don't you** play tennis with us?
私たちと一緒にテニスをしませんか？

⑨ **Why don't you** come and see me next Sunday?
今度の日曜日にうちに遊びに来ませんか？

⑩ **Why don't you** go for a swim in the sea?
海に泳ぎに行ってごらんよ。

Pattern 77

(ポイント)

- ✪ "**Why don't you** ~?" は「~してはどうですか?」「~しませんか?」「~してごらんよ。」のように、親しい間柄の相手に、何かすることを気軽に「提案」「勧告」する表現です。
- ✪ "Why don't you ~?" は「なぜ~しないのですか?」という「疑問」を表す場合もあります。どちらの意味になるかは、前後の流れによります。

    Why don't you ring her up now?
    「彼女に今、電話をしてみてはどうですか?」(提案)
    「なぜ今、彼女に電話をしないのですか?」(疑問)

- ✪ 省略形の "**Why not** +動詞の原形?"(→パターン78)の形も、同じ「提案」「勧告」の意味で使われます。

    Why don't you go on a picnic?
    = **Why not** go on a picnic?
    「ピクニックに行ってはどうですか?」

(発 展)

- ✪ "you" のかわりに "we" を使った、"**Why don't we** ~?" の形は、(一緒に)「~しませんか?」「~しようではないか。」「~しましょう。」(= Shall we ~? →パターン51)の意味になります。

    Why don't we meet again?「また会おうじゃないか。」
    Why don't we go shopping?「買い物に行きましょう。」

    また、"Why don't we ~?" の意味でも "**Why not** ~?" の形が使われることがあります。

    Why don't we leave right away?
    = **Why not** leave right away?「すぐに出発しようじゃないか。」
    ↑文脈によって、Why don't you ~?の意味にもなる。

Pattern 78

Why not + 動詞の原形 ?

「～してはどうですか？」「～しませんか？」「～してごらんよ。」

基本例文 # Why not go for a walk?
「散歩にでも行ってみてはどうですか？」

① **Why not** go on a picnic?
ピクニックに行ってはどうですか？

② **Why not** go to Kyoto?
京都に行ってはどうですか？

③ **Why not** go at once?
すぐに行ってはどうですか？

④ **Why not** rent a car?
車を借りたらどうですか？

⑤ **Why not** borrow the book from her?
彼女からその本を借りてはどうですか？

⑥ **Why not** attend the meeting?
その会議に出席してはどうですか？

⑦ **Why not** come to the party with me?
私と一緒にパーティーに来ませんか？

⑧ **Why not** ask the policeman over there?
あそこの警官に聞いてみてはどうですか？

⑨ **Why not** ask your teacher?
あなたの先生に聞いてごらんよ。

⑩ **Why not** try again?
もう一度やってごらんよ。

Pattern 78

ポイント

★ "**Why not ~?**" は「~してはどうですか？」「~しませんか？」「~してごらんよ。」のように、相手に何かすることを気軽な感じで「提案」「勧告」する表現です。

★ "**Why don't you ~?**"（→パターン77）の形も、"Why not ~?" と同様の意味で使われます。これらはともに「(あなたは)なぜ~しないのか？」がもともとの意味ですが、その反語として、「提案」「勧告」の表現として使われます。

Why not try again? = **Why don't you** try again?
「もう一度やってごらんよ。」

発　展

★ "**Why not?**"（後に動詞が続かない）の用法

① 「なぜ~しないのか？」→「もちろん~する。」というように反語的に使われ、「もちろん。」「喜んで。」「いいですとも。」(= Sure.) と相手の言ったことに対して、「賛同」「同意」「承諾」を表したり、「許可」を与えるのに使われます。

Another drink?「もう1杯どう？」
　Why not?「もちろん（いただきます）。」

② 相手の「否定形の発言」に対して、「どうして~ないのですか？」と「理由」をたずねるのに使われます。

I don't like him.「私は彼が好きではない。」
　Why not?「どうして（好きではないの）ですか？」
　↑比較：I hate him.「私は彼が嫌いだ。」Why?「どうして？」

You shouldn't smoke here.
「ここでたばこを吸ってはいけません。」
　Why not?「どうしてだめなのですか？」

Pattern 79

How do you + 動詞の原形 ?

「どのように〜しますか？」

基本例文 **How do you** go to work?
「仕事へはどうやって行くのですか？」

① **How do you** go there?
そこへはどうやって行くのですか？

② **How did you** come here?
ここへはどうやって来たのですか？

③ **How do you** switch on this machine?
この機械はどうやって電源を入れるのですか？

④ **How do you** spell your name?
あなたのお名前はどうつづりますか？

⑤ **How do you** pronounce this word?
この単語はどう発音しますか？

⑥ **How did you** study English?
あなたはどのように英語を勉強したのですか？

⑦ **How did you** get the ticket?
あなたはどうやってそのチケットを手に入れたのですか？

⑧ **How did you** solve the problem?
どのようにその問題を解決したのですか？

⑨ **How do you** know?
どうして知っているのですか？

⑩ **How do you** do?
初めまして。〈初対面のあいさつ〉

Pattern 79

ポイント

○ 疑問詞 "**how**" は、「どのように？」「どれほど？」「どんな状態で？」「どうして？」などと、「方法」「程度」「状態」「理由」などをたずねるのに用いられます。

○ 疑問詞 "**how**" は、文の中で副詞の働きをし、「疑問副詞」と呼ばれます。

○ "**How do you ~?**" の形は、「あなたはどのように~しますか？」と、相手が「どのように~するか」をたずねる表現ですが、"you" を使っていても「あなた」に限らず、「一般的」に「どのように~するか」の方法をたずねる場合にも使われます。

語句と表現

☞ 【基本例文】"**How do you go to ~ ?**"「~へはどうやって行くのですか？」は、どこかへ行くときの方法、つまり「交通手段」などをたずねる表現です。"go to work"「仕事にでかける」や、"go to school"「通学する」と言うときは、"work"や"school" に冠詞をつけません。また、返事の「~で(行く)」には "**by**" を使い "**I go by bus.**"「バスで行きます。」などのように答えます。ここでも、"by"の後に続く交通手段を表す名詞には冠詞をつけません。(→パターン42の語句と表現)

☞ 【例文 ⑨】"**How do you know?**"「どうして知っているのですか？」のように、"how" は「どうして」「どういうわけで」(= why) と「理由」をたずねるのにも使われます。

☞ 【例文 ⑩】"**How do you do?**" は、初対面のあいさつとして「初めまして。」や「こんにちは。」の意味で使われます。返事をするときも、同じく "How do you do?" で返します。

Pattern 80

How do you like + 名詞 ?

「〜をどう思いますか？」「〜をどうするのがよいですか？」

基本例文 **How did you like** this novel?
「この小説はどうでしたか？」

① **How do you like** Tokyo?
東京はどうですか？

② **How do you like** school?
学校はどうですか？

③ **How do you like** this restaurant?
このレストランは気に入りましたか？

④ **How do you like** your new house?
新しい家（の住み心地）はいかがですか？

⑤ **How do you like** my new dress?
私の新しい服をどう思いますか？

⑥ **How did you like** that movie?
あの映画はいかがでしたか？

⑦ **How do you like** my plan?
私の計画をどう思いますか？

⑧ **How did you like** his opinion?
彼の意見をどう思いましたか？

⑨ **How do you like** your coffee?
コーヒーはどのようにして召し上がりますか？

⑩ **How would you like** your steak?
ステーキの焼き加減はいかがいたしましょうか？

Pattern 80

ポイント

○ "**How do you like ~?**" は、直訳すると「~の気に入り具合はどうですか？」で、つまり「~をどう思いますか？」と、ものに対する「意見」や、「好き嫌い」をきく表現になります。返事は、"I love it." 「とても気に入っています。」、"It's great." 「とてもいいです。」、"I think it's fine." 「いいと思います。」などです。

○ "**How do [would] you like your** ＋注文の品?" は、レストランなどで、注文の品について、「~をどうするのがいいですか？」と、要望をきく場合などに用いられます。

語句と表現

☞【例文 ⑨】 "**How do you like your coffee?**" 「コーヒーはどのようにして召し上がりますか？」は、クリームや砂糖を入れるかどうかをたずねる表現です。以下のように答えます。

　　Black will be fine. 「ブラックでいいです。」
　　Just cream [sugar], please.
　　　　　　「クリーム［砂糖］だけお願いします。」
　　With cream and sugar, please.
　　　　　　「クリームと砂糖を入れてください。」

☞【例文 ⑩】 "**How would you like your steak?**" はレストランなどで、店員が客に「ステーキの焼き加減はいかがいたしましょうか？」とたずねる表現です。答え方は以下のようになります。

　　Well-done, please. 「よく焼いてください。」
　　Medium, please. 「中ぐらいの焼き加減にしてください。」
　　Rare [underdone], please. 「レア（生焼け）でお願いします。」

Pattern 81

How do [can] I + 動詞の原形 ?

「どのように〜すればよいのですか?」

基本例文 **How can I** get to the station?
「駅へはどう行けばよいのですか?」

① **How do I** get there?
そこへはどう行けばいいのですか?

② **How do I** fill out this form?
この書類にはどのように記入すればよいのですか?

③ **How do I** pay the fare?
料金はどのように支払えばいいのですか?

④ **How do I** take this medicine?
この薬はどのように飲めばよいのですか?

⑤ **How do I** cut this watermelon?
どのようにこのスイカを切ればいいですか?

⑥ **How can I** open this box?
この箱はどのように開ければよいのですか?

⑦ **How can I** start the engine?
どうやってエンジンをかければいいのですか?

⑧ **How can I** eat this?
これはどうやって食べればよいのですか?

⑨ **How can I** run fast?
どうすれば速く走れますか?

⑩ **How can I** persuade her?
どうして彼女を説得できようか?(いや、できない。)

Pattern 81

> ポイント

○ "**How do I ~?**" や "**How can I ~?**" は、「どのように~すればいいのですか？」というように、何かをする「方法」をたずねる表現です。"I" を使っていますが、「自分」が何かをする方法をたずねる場合だけでなく、「一般的」にそれをするために「とるべき方法」をたずねるのにも使われます。

How can I get there?

「そこへはどう行けばよいのですか？」
↑「私」が行く場合だけでなく、「一般的」にそこへ行く方法（道や交通手段）をきいている。

> 発 展

○ 道をたずねる表現とその答え方

たとえば、「駅への行き方」をたずねる表現には、基本例文の "**How can I get to** the station?"「駅へはどう行けばよいのですか？」の他に、次のような言い方があります。

Could you tell me the way to the station?

「駅までの道を教えていただけませんか？」

Where is the station?「駅はどこですか？」

I would like to go to the station.

「駅に行きたいのですが。」

上記の質問への返答として、「道案内」には、次のようなものがよく使われます。

Go straight along this street.

「この道をまっすぐ行って。」

Turn right [left] at the next corner.

「次の角を右 [左] に曲がって。」

Turn to the right [left] at the next crossing.

「次の交差点を右[左]に曲がって。」
　↑ "right"と"left"は、"turn right [left]"といった場合は「副詞」、"turn to the right [left]"といった場合は「名詞」。

It's at the end of this street.

「この道のつきあたりです。」

It's the second building from the corner.

「そこの角から2軒目です。」

I'm afraid I don't know this area well.

「すみませんが、この辺りはあまり知りません。」
　↑ きかれた地域についてよく知らず、「答えられない」という場合に使う。

語句と表現

☞【例文⑩】"**How can I persuade her?**"は「どうして彼女を説得できようか？（いや、できない。）」の意味で、ほぼ"I can never persuade her."の意味になります。このように、形は疑問文でも内容的には否定文に等しく、自分の考えを反語的に疑問の形にして述べる言い方を「修辞疑問」と言います。"how + can"の形には、この意味になるものが多くあります。

　How can I leave her?（= I can never leave her.）

　「どうして彼女をおいて行けようか？（いや、行けない。）」

　How can you say such a rude thing?

　「どうしてあなたはそんな失礼なことが言えるのですか？（いや、言うべきでない。）」

Pattern 82

How is ~ ?

「~はどう[いかが]ですか?」

基本例文 **How is** the weather today?
「今日の天気はどうですか?」

① **How are** you?
お元気ですか?/ごきげんいかがですか?

② **How is** John?
ジョンはいかが[お元気]ですか?

③ **How is** your family?
ご家族のみなさんはいかがお過ごし[お元気]ですか?

④ **How is** everything?
調子はどう?

⑤ **How is** business?
仕事はどう?

⑥ **How is** your cold?
風邪の具合はいかがですか?

⑦ **How were** the stock prices last week?
先週の株価はどうでしたか?

⑧ **How was** your trip to Kyoto?
京都への旅はいかがでしたか?

⑨ **How was** the concert last night?
昨夜の演奏会はいかがでしたか?

⑩ **How was** your vacation?
休暇はいかがでしたか?

ポイント

- ✪ "**How is ~?**" の形は、「~はどうですか？」「~はいかがですか？」のように、"~" の部分に入る人やものごとの「状態」をたずねたり、それに対する相手の「感想」をきいたりするのに使われます。
- ✪ 口語でよく使う "**How's ~?**" は、"How is ~?" および "How was ~?" の短縮形です。

語句と表現

☞【例文 ①②③】 "**How is [are] ＋人?**" の形は「~(の調子)はいかが[お元気]ですか？」と、人の「健康状態」「調子」をたずねる表現です。特に、"**How are you?**" は「(あなたは)お元気ですか？」の意味ですが、健康状態をたずねるというよりは「こんにちは。」「ごきげんいかがですか。」といった、あいさつ代わりの軽い意味で使われます。

  How are you（doing）?「お元気ですか？」
  (I'm) Fine thank you, and you?
  「おかげさまで元気です。あなたは？」
  How is John?「ジョンはいかが[お元気]ですか？」
  (He is) Very well.「(彼は)とても元気です。」

☞【例文 ④】 "**How is everything?**"「調子はどう？」は、親しい間柄の人との気軽なあいさつとして使われる表現です。また、レストランでウェイターが「食事はどうですか？」といった意味で、客に対して使うこともあります。"**How is everything going?**" "**How are things?**" "**How are things going?**" なども同様に調子をたずねる表現です。返答には、"**Fine thanks,** and you?"「おかげさまで順調です。あなたは？」や、"**Same as always**."「相変わらずです。」などが使われます。

Pattern 83

How + 形容詞／副詞 + …?

「…はどのくらい〜ですか？」

基本例文 **How long** is this bridge?
「この橋はどのくらいの長さですか？」

① **How large** is this room?
この部屋の広さはどのくらいですか？

② **How wide** is that road?
あの道路はどのくらいの幅ですか？

③ **How high** is that mountain?
あの山はどのくらいの高さですか？

④ **How deep** is this lake?
この湖はどのくらいの深さですか？

⑤ **How heavy** is this stone?
この石はどのくらいの重さですか？

⑥ **How long** does it take from here to the station?
ここから駅までどのくらい時間がかかりますか？

⑦ **How far** is it from here to the airport?
ここから空港までどのくらいの距離ですか？

⑧ **How tall** is he?
彼の身長はどのくらいですか？

⑨ **How often** do you eat out a month?
1カ月にどのくらい（の頻度で）外食しますか？

⑩ **How old** are you?
あなたは何歳ですか？

Pattern 83

(ポイント)

✪ "how" は後ろに「形容詞」または「副詞」をともない、「どのくらい〜?」と「程度」をたずねるのに使われます。"how" の後に続く形容詞・副詞には、以下のものがよく使われます。

　長さ (距離・時間・期間): how **long**「どのくらい長い」
　距離: how **far**「どのくらい遠い」
　大きさ・広さ: how **large**「どのくらい大きい [広い]」
　幅　: how **wide**「どのくらい幅広い」
　高さ: how **high**「どのくらい高い」
　深さ: how **deep**「どのくらい深い」
　厚さ: how **thick**「どのくらい厚い」
　重さ: how **heavy**「どのくらい重い」
　背丈: how **tall**「どのくらい背が高い」
　古さ・年齢: how **old**「どのくらい古い」「何歳」
　速さ: how **fast**「どのくらい速い」
　頻度: how **often**「どのくらいの頻度で」
　数　: how **many**「いくつ」(→パターン 84)
　量・程度・価値・価格: how **much**「どのくらい」「いくら」
(→パターン 84)

(語句と表現)

☞【例文 ⑥】"**How long does [will] it take from A to B?**" の形で、「A (地点) から B (地点) までどのくらい (時間が) かかりますか?」と「所要時間」をたずねる表現になります (所要時間の表し方 →パターン 36)。

Pattern 84

How many 〜 ?
「〜はいくつですか？」
How much 〜 ?
「〜はどのくらいですか？」「〜はいくらですか？」

基本例文 **How many** times did you see the movie?
「その映画を何回観ましたか？」

① **How many** apples are there in the box?
箱の中にはりんごがいくつありますか？

② **How many** (people) are there in your family?
ご家族は何人ですか？

③ **How many** books do you have?
あなたは本を何冊持っていますか？

④ **How many** hours do you sleep every day?
あなたは毎日何時間眠りますか？

⑤ **How many** times have you been to London?
あなたはロンドンへは何回行ったことがありますか？

⑥ **How much** sugar is there in the bottle?
そのビンには砂糖がどのくらい入っていますか？

⑦ **How much** do you weigh?
あなたの体重はどのくらいですか？

⑧ **How much** is this?
これはいくらですか？

⑨ **How much** is the fare?
料金はいくらですか？

⑩ **How much** is it per person?
1人いくらですか？

Pattern 84

ポイント

- ⭐ "**How many** ~?" は、「数えられるもの」について、「~はいくつですか?」「いくつ (の~が[を])…ですか?」などときくときに使います。"how many +名詞" の形で「いくつの~」とたずねるとき、"many" の後の名詞 (可算名詞) は「複数形」にします。

- ⭐ "**How much** ~?" は、「数えられないものやこと」について、「~はどのくらいですか?」「どのくらい (の~が[を])…ですか?」などときくときに使います。また、「~はいくらですか?」と、「金額」をたずねるときにも使います。

語句と表現

☞【例文 ⑤】"**How many times** ~?" の形は、「何回~か?」と「回数」をたずねる表現で、非常によく使われる形です。特に、"How many times have [has] + S + 過去分詞?" のように「完了形」を使うと、「(今までに)何回~したことがありますか?」と、「経験」をたずねる表現になります。

☞【例文 ⑦】"**How much do you weigh?**" は「あなたの体重はどのくらいですか?」と相手の「体重」をたずねる表現です。"weigh" は「重さが(~で)ある」の意味の動詞です。"**What is your weight?**" も同じ意味です。返事は、"**I weigh** 60 kilograms." 「私は 60kg です。」、"**My weight is** 130 pounds." 「私の体重は 130 ポンドです。」などです。

Pattern 85

How about + 名詞 ?
「〜はいかがですか？」「〜はどうですか？」

How about 〜ing (動名詞) ?
「〜してはどうですか？」「〜しませんか？」

基本例文 ## How about some more coffee?
「コーヒーをもう少しいかがですか？」

① **How about** a drink?
1杯いかがですか？

② **How about** this one?
これはいかがですか？

③ **How about** one o'clock?
1時ではどうですか？

④ **How about** the results?
結果はどうでしたか？

⑤ **How about** you?
あなたはどうですか？

⑥ **How about** go**ing** for a walk?
散歩に出かけてはどうですか？

⑦ **How about** visit**ing** him?
彼を訪ねて行ってはどうですか？

⑧ **How about** com**ing** with us?
私たちと一緒に来ませんか？

⑨ **How about** go**ing** out for dinner?
夕食を食べに出かけませんか？

⑩ **How about** play**ing** cards?
トランプをしませんか？

Pattern 85

ポイント

✪ "**How about** +名詞?" は、「〜はいかがですか?」と相手にもの(特に食べ物や飲み物)を勧めるのに使われます。

How about a cup of tea?
「お茶を1杯いかがですか?」

また、「〜はどうですか?」「〜をどう思いますか?」とものごとの「状況」や、それに対する相手の「意見」をたずねるのにも使われます。

How about this new car?
「この新車はどうですか?」「この新車をどう思いますか?」

✪ "**How about** 〜ing(動名詞)?" は相手に何かすることを、「〜してはどうですか?」と「提案」したり、「〜しませんか?」と「勧誘」する表現です。

発 展

✪ 食べ物や飲み物を勧める表現

「〜はいかがですか?」と、食べ物や飲み物を勧める表現には、"**How about** 〜?" と同じく、"**Would you like** 〜?"(→パターン53)の形もよく使われます。これらへの返事には、"**Yes, please.**"「はい、いただきます。」、"**No, thank you.**"「いいえ、結構です。」、"**I've had enough.**"「もう、充分いただきました。」などが使われます。

Would you like some more?
「もう少しいかがですか?」

Would you like a cup of coffee?
「コーヒーを1杯いかがですか?」

Would you like another piece of cake?

「ケーキをもう 1 切れいかがですか？」

◎ "What about ～?"

"how" の代わりに "what" を使った、"**What about ～?**" の形も、同じく「～はどうですか？」などの意味で使われます。"How about ～?" と同様、"～" の部分には「名詞」または「動名詞」が使われます。両者を比べると、"what" を使う方が少し改まった感じの言い方になります。

What about lunch?

「昼食はどうですか（昼食にしませんか)？」（名詞）

What about tak**ing** a shower?

「シャワーを浴びてはどうですか？」（動名詞）

語句と表現

☞【例文 ⑤】"**How about you**?" は「あなたはどうですか？」と、相手の「考え」「意見」「希望」などをたずねる表現です。

Pattern 86

How + 形容詞／副詞 + **S** + **V**!
「S はなんて〜なのだろう！」

基本例文 **How** kind she is!
「彼女はなんて親切なのだろう！」

① **How** tall she is!
彼女はなんて背が高いのだろう！

② **How** lazy you are!
あなたはなんて怠けものなのだろう！

③ **How** boring this is!
これはなんてたいくつなのだろう！

④ **How** cold it is in this room!
この部屋はなんて寒いのだろう！

⑤ **How** interesting these books are!
これらの本はなんておもしろいのだろう！

⑥ **How** fast he runs!
彼はなんて速く走るのだろう！

⑦ **How** beautifully she sings!
彼女はなんて美しく歌うのだろう！

⑧ **How** well she cooks!
彼女はなんて料理が上手なのだろう！

⑨ **How** good this soup tastes!
このスープはなんておいしいのだろう！

⑩ **How** heavily it rains!
なんて激しい雨だろう！

```
ポイント
```

- "**How** + ～(形容詞/副詞) + **S** + **V!**" の形は「S はなんて～なのだろう！」の意味を表します。この形は「感嘆文」と呼ばれ、驚き、喜び、悲しみなどの「強い感情」を表します。("what" を使った感嘆文 →パターン 87)

- 上記の形が基本形ですが、「形容詞/副詞」のない "**How + S + V!**" の形もあります。

    How it blows!「なんと激しい風だろう！」

- 後半の「S + V」がない "**How** + 形容詞/副詞**!**" の形は、下の例のように、感嘆、驚きなどの気持ちを表す慣用的な表現として、会話でよく使われます。

  How nice!「なんてすてきな！」、**How wonderful!**「なんてすばらしい！」、**How terrible!**「なんてひどい！」、**How beautiful!**「なんて美しい！」、**How cute!**「なんてかわいい！」、**How cool!**「なんてかっこいい！」、**How exciting!**「なんてワクワクする！」、**How clever!**「なんて賢い！」、**How stupid!**「なんてばかな！」、**How rude!**「なんて失礼な！」、**How kind of you!**「なんて(あなたは)ご親切に！」

```
発 展
```

- "how" "what" を使う感嘆文の基本形は、"How + 形容詞/副詞 + S + V!" "What (+ a [an]) + 形容詞 + 名詞 + S + V!"(→パターン 87) ですが、実際には各部分が省略された様々な形が使われており、以下のような、"what" "how" 自体が省略された形も「感嘆文」の一種と言えます。

    Poor dog!「かわいそうな犬！」
    Well done!「よくできたね！」
    Ouch!「あっ！(痛い！)」

Pattern 87

What (+ a [an]) + 形容詞 + 名詞 + S + V!
「(Sは)なんて〜な…だろう！」

基本例文 **What** a beautiful day it is!
「なんていい天気だろう！」

① **What** a tall man he is!
　彼はなんて背が高い人だろう！

② **What** a kind girl she is!
　彼女はなんて親切な女の子だろう！

③ **What** a sad story this is!
　これはなんて悲しい話だろう！

④ **What** a boring movie it was!
　なんてつまらない映画だったのだろう！

⑤ **What** a beautiful sunrise it is!
　なんて美しい日の出だろう！

⑥ **What** a dark night it was!
　なんて暗い夜だったのだろう！

⑦ **What** lovely flowers they are!
　なんてきれいな花々だろう！

⑧ **What** beautiful eyes she has!
　彼女はなんて美しい目をしているのだろう！

⑨ **What** a bad cough he has!
　彼はなんてひどい咳をしているのだろう！

⑩ **What** a long time it lasted!
　それはなんて長い間続いたことだろう！

> ポイント

- ✪ "**What**（+ **a** [**an**]）+ ～（形容詞）+ …（名詞）+ **S** + **V!**" の形は「（Sは）なんて～な…だろう！」の意味を表します。この形は「感嘆文」と呼ばれ、驚き、喜び、悲しみなどの「強い感情」を表します。（"how" を使った感嘆文 →パターン86）

- ✪ 名詞が、数えられない名詞（不可算名詞）や数えられる名詞（可算名詞）の複数形の場合は、不定冠詞 "a" "an" は必要ありません。

    What a beautiful flower this is!（可算名詞・単数形）
    「これはなんてきれいな花なのだろう！」
    What beautiful flowers they are!（可算名詞・複数形）
    「これらはなんてきれいな花々なのだろう！」
    What beautiful weather we have!（不可算名詞）
    「なんてすばらしい天気だろう！」

- ✪ 同じく「感嘆文」である "**How** ～!"（→パターン86）との違いは、"What ～!" の場合は "what" の後に「(a [an]) +形容詞+名詞」のように「名詞句」が続いて「名詞の意味」を強めるのに対し、"How ～!" の場合は "how" の後に直接「形容詞／副詞」が続いて「形容詞／副詞」を強めていることです。

    What a beautiful flower this is!
    「これはなんてきれいな花なのだろう！」
    (→ This is a very beautiful flower.)
    How beautiful this flower is!
    「この花はなんてきれいなのだろう！」
    (→ This flower is very beautiful.)

- ✪ 上記の形が基本形ですが、他に、形容詞のない形、後半の

Pattern 87

「S + V」がない形など、いろいろな変形があります。

What a fool I was!（形容詞のない形）
「私はなんてばか者だったのだろう！」
What a cute puppy!（S + V のない形）
「なんてかわいい仔犬だろう！」
What a nice view!（S + V のない形）
「なんてよい景色だろう！」

✪ 形容詞、「S + V」がどちらもない、"**What**(+ **a [an]**)＋名詞!"の形には、下の例のように、感嘆、驚きなどの気持ちを表す慣用的な表現が数多くあります。

What a pity!「残念だ！」「お気の毒に！」、**What a shame!**「残念だ！」「なんてひどい！」、**What a surprise!**「これは驚きだ！」、**What a relief!**「ホッとした！」、**What a disappointment!**「がっかりだ！」、**What nonsense!**「ばかばかしい！」、**What a coincidence!**「偶然だ！」、**What a crowd!**「なんて人混みだ！」、**What a fellow!**「なんて奴だ！」、**What a man!**「なんて（たいした／ひどい）男だ！」、**What an experience!**「なんという（素晴らしい）経験だろう！」

著者紹介

上野 理絵(うえの りえ)

早稲田大学第一文学部社会学専修卒業。
同校卒業後、渡英、ビジネス英語等を学ぶかたわら、イギリス国内の各種英語検定に合格。帰国後は、国内法律事務所において国際弁護士の秘書、各種企業内文書制作会社のセミナー担当などを務めたのち、現在、フリーで活動中。

著書:『CD BOOK 使える英語構文』
　　　『CD BOOK 日常英会話 話しかけ&返事のバリエーションを増やす』
　　　(いずれもベレ出版)

　　　『CD BOOK 会社英語の基本ミニフレーズ1060』
　　　『CD BOOK 日常英会話の基本ミニフレーズ1009』
　　　(共著にて、いずれも明日香出版社)

CD BOOK これで話(はな)せる英会話(えいかいわ)の基本文型(きほんぶんけい)87

2002年2月25日	初版発行
2010年9月17日	第24刷発行

著者	上野 理絵(うえの りえ)
カバーデザイン	寺井 恵司
DTP	WAVE 清水康広・中丸佳子

©Rie Ueno 2002. Printed in Japan

発行者	内田　眞吾
発行・発売	ベレ出版 〒162-0832 東京都新宿区岩戸町12 レベッカビル TEL.03-5225-4790 FAX.03-5225-4795 振替 00180-7-104058
印刷	株式会社 三光デジプロ
製本	根本製本株式会社

落丁本・乱丁本は小社編集部あてにお送りください。送料小社負担にてお取り替えします。
ISBN 978-4-939076-87-9 C2082　　　　　編集担当　新谷友佳子